# ありのままの自分

大人の自己肯定感を育てる

近藤 卓 著

# まえがき

すごいね、偉いね、かっこいいね、などと誰かに言ってもらいたいと、子どもの頃からいつも思っていました。それは私の正直な気持ちです。でも残念ながら、面と向かってそんな言葉をかけられた記憶は、ほとんどありません。すごくもないし、偉くもないし、かっこ良くもないからです。でも、まあいいやとやってきました。

勉強でも運動でも、1番になったことはありません。これまでもそうでしたが、これからも優勝とか金メダルとか、賞と名の付くものには縁がないことでしょう。でも、まあいいやとやってきましたし、やっていきたいと思っています。

もう少し欲を出したら良いのに、と言われることはあります。子どもの頃は、なんでも良いから1番になれ、と父親が口癖のように言っていました。大人になってからは、身近な家族から同じようなことを言われることがあります。でも、まあいいやと思ってしまうのです。

1番を目指すためには、頑張らなければなりません。でも頑張りたくないのです。そもそも努力するということができないし、努力をする気にならないのです。常に行き当たりばったりで、流されるままに生きてきました。だから何をやっても、いつでもそこそこです。でも、まあいいや、なのです。

そんな私でしたが、35歳を目前にした時、ふと、ちょっと頑張ってみようかなと思ったのでした。人生で一度くらい、少しは頑張ってみても良いかなと思ったのです。生まれて初めての経験でした。そして、研究者の道に入っていきました。

心と体の健康を考えることが研究課題です。健康とはどういうことだろう。健康になるにはどうしたら良いのだろう。健康をどうしたら教えられるのだろう。本当に成り行きで、行き当たりばったりで生きてきた私が、健康教育学というものを研究する人になってしまったのです。

そしてある時、ふと、思ったのです。なぜ自分は「まあいいや」と思ってしまうのだろう。なぜ頑張らないのだろう。なぜ努力をしないのだろう。なぜ1番を目指さないのだろう。世の中では、上を目指せ、頑張れ、努力しろと社会全体で大合唱をしています。でもなぜ自分はそうしないのだろう。考えてみると、これは結構大きな謎です。そして、その謎を解き明かしてみたいと、ふと、ちょっとだけ思ってしまったのでした。

＊＊＊

どうして頑張らないのだろう。どうして努力をしないのだろう。どうして1番を目指さないのだろう。幼い頃から、あれほど頑張れ努力しろと言われ続けたのに、なぜ努力しなかったのだろう。この「まあいいや」という気持ちは、どこから出てくるのだろう。

すごいね、偉いね、かっこいいね、などと言われれば、自分には価値があると思えるし、だから「自分は大切な存在」だと思えます。そう思う気持ちのことを自尊感情というのですね。そこで、自尊感情について調べ始めてみましたら、今から130年以上前に、アメリカの研究者が自尊感情をそのように定義していたことがわかりました。

私は自分を、すごいとも偉いともかっこいいとも思っていませんが、それでも私は「自分は大切な存在」だと思っています。間違いなく、「自分は大切な存在」です。自分が好きだとか、自分が幸せだとか、自分に価値があるなどと思っているわけではありません。でもそれでも、「自分は大切な存在」であることは間違いありません。つまり、私にはしっかりと自尊感情が育っているようなのです。

これはどういうことなのでしょうか。すごくも偉くもないのに、なぜ大切な存在だと思えるのでしょう。自尊感情とはなんなのでしょう。130年前には見逃されていた何か、それこそ大切な何かがあったのではないだろうか。そこから、謎を解き明かすための、長くてちょっとだけ険しい道のりが始まりました。この波乱万丈の冒険の旅のことは、また別の機会にぜひ聞いて頂きたいと思います。

＊＊＊

それはともかく、冒険の旅の果てにたどり着いたのが「ありのままの自分」です。

それが謎の答えです。結論的に言えば、自尊感情は「すごい自分」だけではないということなのです。

この本は「ありのままの自分」と名付けられました。この表題には、ありのままでいる自分を肯定的に捉えようという意図があります。それが証拠に、副題には「大人の自己肯定感を育てる」とあります。

でも果たして、ありのままでいられるだろうか、という疑問がすぐに湧いてきます。いろいろと考えてしまって、相手の都合を考えたり、周りの人の目を気にしたりして、多くの場合ありのままではいられないものです。

でも人は、見ていないようで見ていたり、気づいていないようで気づいていたりするものです。特に子どもは敏感です。ありのままではない、体裁を整え作っていることを見抜いています。ちょっとした仕草や表情から、嘘を見抜いているものです。

そうすると、私たちは結局ありのままでいるべきなのでしょうか。しかしここでまた大きな疑問が出てきます。いま言ったことと矛盾するようですが、「ありのまま」でいるということの難しさです。どうしても、よそ行きの顔をして、よそ行きの言葉を使って、作った自分を演じてしまいます。「ありのまま」でいることなどできるのでしょうか。

そもそも、「ありのまま」とは、「ありのまま」でいるという感覚とは、どういう状態なのでしょう。

一番わかりやすいのは、怪我をして気を失うほど痛くてどうにもならないような時や、抑えきれない怒りが込み上げてきた時の状態です。そうした時に、私たちは「ありのままの自分」になります。痛みや怒りで、自分を制御できないからです。いつもかぶっている仮面がはがれて、素顔が出てきます。その人の本性が現れる時、と言っても良いかもしれません。

「ありのまま」になるのは、痛くてどうにもならない時や怒りで我を忘れた時だけでしょうか。あるいは、悲しくて辛くて悔しくてどうにもならない時だけでしょうか。そうではないと思います。嬉しくて、面白くて、楽しくて、幸せに満たされた時にも、抑えきれない笑顔や笑い声が出てきて、自分を隠すことなどできなくなるに違いありません。

こんなふうに、様々な場面で、様々な「ありのまま」があるのだと思います。この本では、そんな多種多様な「ありのまま」を思い起こしながら、「ありのまま」の意味を考え、「ありのままの自分」を皆さんと一緒に見つめ直していきたいと思っています。

＊＊＊

「ありのまま」は辞典によると、「あるとおり。事実のまま。あるがまま。ありてい」と説明されています（『広辞苑』第五版、岩波書店、１９９８）。私流に言うと、「ありのまま」は「アリのママ」ですから、それは女王アリのことなので、アリの社会ではとても大切な存在です。これは冗談ですが、でもとにかく「ありのまま」はとても大切なことなのだと思います。

この本は、エイデル研究所から出版される私にとって2冊目の本です。前回は２０１５年の『乳幼児期から育む自尊感情』という本でした。その時にもお世話になった編集の山添路子氏に、今回も大いにお世話になりました。この本の元になった隔月誌『げんき』の連載のご担当でもあります。その原稿に、毎回貴重なご意見やご感想を述べてくださり、私の「すごい自分」を高めてくださいました。おかげで、ここまで続けてこられ、本書の出版までこぎつけることができました。改めて感謝を申し上げたいと思います。

この本が、若い保育者の皆様をはじめ、お母様お父様、そして子どもに関わるすべての皆様ご自身にとって役立つことを願っています。

# 目次

## 第2章　子どもの自己肯定感を育てるには……65

## 第3章　いのちの体験と「棚上げ」……129

エッセイ



本書は、「園と家庭をむすぶ　げんき」No.１５７（２０１６年９月）からNo.１９４（２０２２年11月）までの連載「いのちの保育　共有体験の大切さ」および『乳幼児期から育む自尊感情～生きる力、乗りこえる力』をもとに再構成しました。Ｑ＆Ａ１～８は本書のための書き下ろしです。

第１章

# 自尊感情とは何か

# Q.1

**学生です。保育実習に行きましたが、他の人と比べてうまく立ち回ることができず、落ち込んでいます。自分のような者が保育の道に進んでいいのかと悩んでいます。**

# A.1

「うまく立ち回ることができない」ということですが、そもそも「うまく立ち回る」とはどういうことでしょうか。人との関係は、向き合う関係と並ぶ関係の組み合わせで成立していると考えることができます。「向き合う関係」ではどうなのか、「並ぶ関係」ではどうだろうかと整理してみると良いかもしれません。

「向き合う」ことで、人は人と知り合い関係を作ります。「並ぶ」ことで、人と人は関係を深めていきます。好き同士になった恋をしている二人のことを、思い浮かべてみてください。向き合って見つめ合っていると思います。ずっと向き合っていると、二人だけの世界に閉じこもって前に進めません。やがて二人は同じ方向を向

いて、一緒に並んで歩いていくことと思います。

つまり、「向き合う」のは人との関係の入り口です。「並ぶ」のは、その後のことです。保育実習でうまく立ち回れなかったというのは、向き合う関係でのつまずきかもしれません。あるいは、保育実習という短い期間で、並ぶ関係まで進まなければならないことに、少し無理を感じたのかもしれません。恋のことを思い浮かべてみるとわかることだと思いますが、向き合う関係から並ぶ関係になっていくためには、少し長い時間が必要です。

自分を大切に思う気持ちのことを、自尊感情といいます。何かの役に立つとか、何かができるとか、自分には価値があるとか、そういう気持ち（「すごい自分」）だけが自尊感情なのではありません。ただ、今ここにいるだけ。それだけの自分（「ありのままの自分」）も、大切な私です。自尊感情は、「すごい自分」と「ありのままの自分」という、二つの気持ちからできているのです。「すごい自分」は向き合う関係で育まれます。一方「ありのままの自分」は並ぶ関係で育まれます。

実習のように短い期間ですと、向き合う関係の方が強調されてしまい、「すごくない自分」が気になってしまうのかもしれません。実習ではなく、仕事として長い時間を保育者として過ごしていくときに大切なのは、同僚や子どもたちと並ぶ関係になって、関係を深めていくことです。そして、一緒に思いを共有して、お互いに成長していくことこそが大切なのだと思います。

→ 詳細は p.26へ

## Q.2

**20代の保育士です。これまで学校の勉強も仕事も精一杯頑張ってきました。でも最近は、いつ保護者からのクレームを受けるかと日常的にビクビクしており、何だか疲れきってしまいました。離職を考えています。**

## A.2

昨今は、社会の保育への視線も厳しいなど、いろいろな要因があると思います。しかし、もしかしたら「すごい自分」を膨らませすぎて疲れてしまっている部分もあるかもしれません。(Sb＝「頑張りすぎの良い子」タイプ)

まずは職場の態勢に余裕ができることが大前提ですが、保育者も自己肯定感の揺るがない土台となる「ありのままの自分」を育てられる環境になるとよいと願っています。

そのために、今すぐあなたが自分自身でできることがあります。ご自身の日頃の子どもや保護者、さらには同僚との関わり方を思い浮かべてみてください。子ども

としっかりと向き合うことに、一所懸命になっていませんか。保護者と向き合うことに、疲れているのではないでしょうか。同僚との関係はどうでしょうか。

向き合う関係では、相手から笑顔を向けられたり、温かい言葉をかけられたり、すごいねと褒められたりすることで心が満たされます。子どもの笑顔が見られなかったり、保護者から冷たい言葉をぶつけられたり、同僚から認めてもらえなかったりすると心は凹みます。

向き合うことは、もちろん大切ですが、あまりにそのことだけに力を注ぐと、疲れてしまうかもしれません。向き合うことはそこそこにして、「並ぶ関係」の大切さを思い起こしてください。子どもと並んで、「綺麗だね、面白いね」と思いを共有することで、心は確実に豊かになります。絶対です。素直に感心したり喜んだりしている子どもと、一緒に思いを共有するのです。

すると、自分一人じゃない、私はこの子と同じように感じている、自分の感じ方は間違っていない、自分はこのままでいいと思えて「ありのままの自分」が補強されます。同じように、保護者や同僚とも並ぶ関係になって、一緒に子どものことを見つめることです。向き合う関係でお互いを見て、互いを評価し合うのではなく、一緒に並んで子どもを見ることで、同じように思いを共有できることがきっとあるはずです。そのとき、自分はこのままでいいと、「ありのままの自分」が育まれるに違いありません。

「ありのままの自分」がしっかりと育まれてくると、少しくらい心が凹むようなことがあっても、自分は自分なんだ、私は今のままでいいんだという心の基盤が、あなたをしっかりと支えてくれることと思います。

→詳細はp.26、36へ

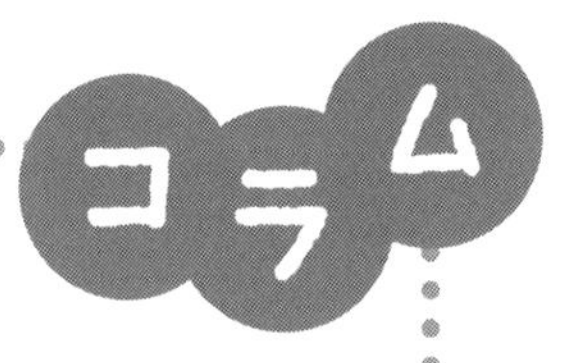


# 自尊感情のタイプ

## 自尊感情の四つのタイプ

子どもの自尊感情を考える時には、社会的自尊感情と基本的自尊感情の二つの領域の特性を知り、注意深く見ることが大切です。自尊感情は、基本的自尊感情と社会的自尊感情のバランスから、次の四つのタイプに分けて整理することができます。

・SBタイプ＝自尊感情の二つの部分がバランスよく形成されている
・sBタイプ＝社会的自尊感情が育っていない
・sbタイプ＝自尊感情の二つの部分が両方とも育っていない
・Sbタイプ＝社会的自尊感情が肥大化している

**図：自尊感情の四つのタイプ**

**sBタイプ**

低く安定した自尊感情
**のんびり屋、マイペース**

**SBタイプ**



大きく安定した自尊感情
**何があっても大丈夫、立ち直れる**

**sbタイプ**

低くて弱い自尊感情
**寂しくて孤独、自信がなく不安**

**Sbタイプ**

肥大化して不安定な自尊感情
**がんばり屋の良い子、不安を抱えている**

## SBタイプ

右上にあるSBタイプは、基本的自尊感情がしっかりと育った上に、社会的自尊感情が育っています。二つの領域を合わせて自尊感情全体が大きく、そして、共にバランスよく形成された安定したタイプです。

多くの成功体験を重ね、社会的自尊感情は高まっています。同じく、下支えする基本的自尊感情もしっかりと育まれているため、何らかの失敗や叱責で社会的自尊感情がしぼんでしまっても、充分に育った基本的自尊感情が心を支えてくれます。落ち込むことはあっても、どん底までいくことなく、自力で立ち直ることができます。

「自分は自分でいいのだ」という部分がしっかりしていますから、安心して社会的自尊感情も育むことができるのです。つまり、何事にも積極的に取り組んでいくことができ、失敗したとしても大きくしぼむことはありません。

こういう子どもの場合、自分がしっかりしているだけに「嫌なことはしない」「ダメと思われても気にしない」という態度がはっきりと見えてしまうことがあります。教育現場の教師によっては、「評価」が分かれてしまう場合もあるほどです。こういう子どもは、安心して自由に伸ばしてあげるのが一番です。

## sBタイプ

左上のsBタイプは、基本的自尊感情はしっかりと育っていますが、社会的自尊感情

が育っていません。より上を目指そうという努力や頑張りに欠けるのが課題と捉えられることもありますが、周りからは、のんびり屋さんに見られているタイプです。

実は、教師という仕事をしていて、最もやりがいを実感できるのが、このsBタイプのような子どもを指導する時かもしれません。このような子どもの心に火がついて、やる気が起きれば、人が変わったように挑戦を始め、努力を重ね、成功体験を積み上げていくことになります。やがてはSBタイプの子どもになるまでの成長ぶりを見届けることもできます。

## sbタイプ

左下のsbタイプは、社会的自尊感情と基本的自尊感情の両方の領域が育っていません。あらゆる面で自信がなく、孤独で、誰が見ても心配な子どもです。虐待を受けてきた子どもなどは、こうしたタイプの典型だと考えられます。

このタイプの子どもは、クラスにいるとすぐに目に留まります。教師の目もsbタイプに向かう傾向があり、教育現場ではすぐに発見されて、手当てを受けます。影が薄く、消え入りそうな存在であるこうした子どもには、褒めたり評価したり、成功体験を積ませたりすることは有効で、すぐに大きな効果が現れます。しかし、あくまでも社会的自尊感情が膨らんでいるだけですから、その効果は一過性のものです。並行して基本的自尊感情を育むような関わりや体験を促していくことが大切です。

見るからに生きる活力が乏しく、心配な状態ではありますが、それだけに発見されやすく、支援されやすい存在です。様々なサポートや手当てを受けながら、元気を出していってくれると思います。

## Sbタイプ

右下のSbタイプは、私が最も心配する子どもです。自尊感情全体としては、SBの子どもたちと同じくらい大きく立派です。ところがその大半は社会的自尊感情で、基本的自尊感情が育まれていないのです。これでは、社会的自尊感情がしぼんだり、頑張りすぎて破裂したりした時に、危機に直面してしまいます。

誰が見てもすぐに気づかれるsbタイプの子どもであれば、気にかけてもらえて、救われる可能性は高まります。しかしSbタイプの子どもの場合、一見自尊感情が充分に育っているように見えるため、親や周りにいる大人や先生が「この子は大丈夫」と思ってしまいがちなのです。

こうした子どもたちは、いつも力を抜かず、叱られないように、褒められるように頑張り続けています。親や先生の言うことも聞くし、友だちともうまくやって、学校生活を何の問題もない状態にしています。だからなおさら大人たちは期待して、次を求めて要求してしまうのです。しかし実態としては、彼らは「頑張り続けている」のです。

でも、人はそんなにいつまでも頑張り続けることはできません。熱気球に例えると、頑張るという熱風が途絶えたとたんに、社会的自尊感情は一気にしぼんでしまいます。その時、支えてくれるはずの基本的自尊感情という自分の心の根っこが乏しいと、熱気球はしぼんだままで墜落してしまうのです。

こういう子どもは、頑張ることをやめたり、何かで失敗したりしたら、自分は生きていけなくなるのではないかという不安を常に抱えています。熱風を途絶えさせないように、つまり、決して負けたり失敗したり叱られたりしないように、彼らは神経を張りつめて頑張り続けているのです。

私のところへカウンセリングに来た子どもたちは、このタイプが多かったのです。そして特に今の教育現場では、Sbに目を向ける余裕が先生たちにはありません。また、そもそもの自尊感情についての理解がされていないために、気づかれることもないのです。

そこへ「もっと頑張れ」「もっとやれるはず」と大人が褒めすぎると、その圧力で破裂してしまう可能性があります。そうなると、もう取り返しがつきません。

見かけの真面目さや成績の良さに惑わされず、特にこうしたタイプの子どもを発見し、注意深く見守っていく必要があると私は考えています。

## SOBA-SETプロフィール

**計算の方法**　社会的自尊感情の得点：「∩」の項目の点数を足した数　（　　　）
基本的自尊感情の得点：「▒」の項目の点数を足した数　（　　　）
回答の信頼度の得点：　「無印」の項目の点数を足した数（　　　）

**記入の方法**　社会的自尊感情の得点を「山型」の当てはまるところまで塗りつぶす。
基本的自尊感情の得点を「箱型」の当てはまるところまで塗りつぶす。

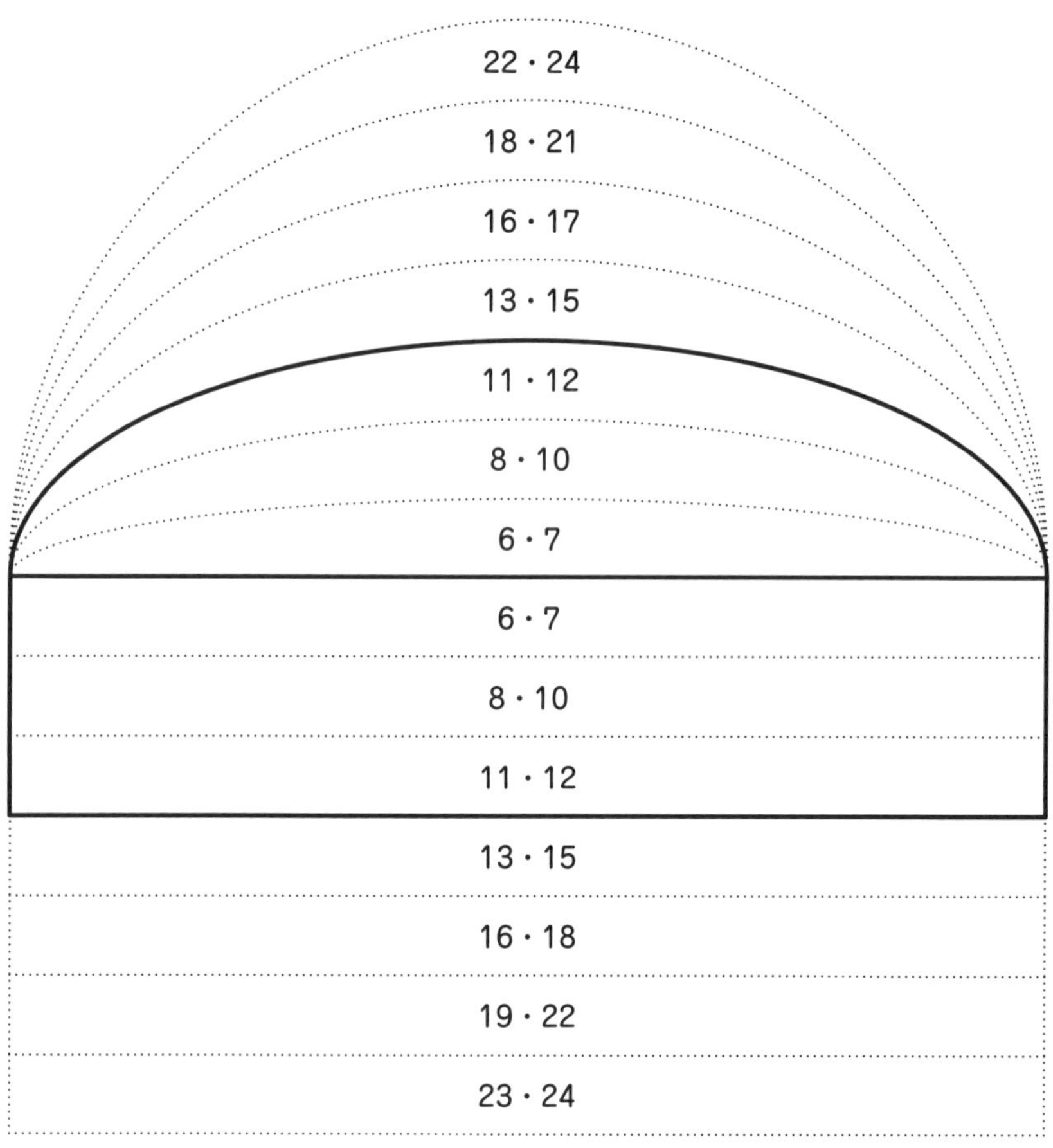

コラム

## 社会的基本的自尊感情尺度（SOBA-SET）

性別（　男子　・　女子　）

氏名：＿＿＿＿＿＿＿＿＿＿＿＿＿＿　学年（＿＿）年生　年齢（＿＿）歳

次の文章を読んで、自分の気持ちに一番ぴったりする答えのところに○をつけてください。

| | | とても そう おもう | そう おもう | そう おもわ ない | ぜんぜん そう おもわ ない | |
|---|---|---|---|---|---|---|
| **1** | ほとんどの友だちに、好かれていると思います。 | 4 | 3 | 2 | 1 | ∩ |
| **2** | 自然は大切だと思います。 | 4 | 3 | 2 | 1 | |
| **3** | 運動は得意なほうだと思います。 | 4 | 3 | 2 | 1 | ∩ |
| **4** | 自分は生きていていいのだ、と思います。 | 4 | 3 | 2 | 1 | ■ |
| **5** | うそをつくことは、いけないことだと思います。 | 4 | 3 | 2 | 1 | |
| **6** | ほかの人より、頭が悪いと思います。 | 1 | 2 | 3 | 4 | ∩ |
| **7** | ほかの人より、運動がへただと思います。 | 1 | 2 | 3 | 4 | ∩ |
| **8** | 悪いときに、あやまるべきだと思います。 | 4 | 3 | 2 | 1 | |
| **9** | なにかで失敗したとき、<br>自分はだめだなと思います。 | 1 | 2 | 3 | 4 | ■ |
| **10** | 自分はこのままではいけない、と思います。 | 1 | 2 | 3 | 4 | ■ |
| **11** | きまりは守るべきだと思います。 | 4 | 3 | 2 | 1 | |
| **12** | 友だちが少ないと思います。 | 1 | 2 | 3 | 4 | ∩ |
| **13** | 自分には、良いところも悪いところも<br>あると思います。 | 4 | 3 | 2 | 1 | ■ |
| **14** | しつけは大切だと思います。 | 4 | 3 | 2 | 1 | |
| **15** | ほかの人より、勉強がよくできると思います。 | 4 | 3 | 2 | 1 | ∩ |
| **16** | ときどき、自分はだめだなと思います。 | 1 | 2 | 3 | 4 | ■ |
| **17** | 健康は大切だと思います。 | 4 | 3 | 2 | 1 | |
| **18** | 生まれてきてよかったと思います。 | 4 | 3 | 2 | 1 | ■ |

実施に際しては回答欄の１～４の数字、欄外の ∩、■ のマークは消してください。

# 解説

## 1 「すごい自分」と「ありのままの自分」のバランス

自分を大切に思う気持ちのことを、自尊感情といいます。そして心の中心には、「すごい自分」と「ありのままの自分」という二つの気持ちがあります。自分にはできることがあるとか、自分は役に立っている、友だちよりうまくできた、などと確認できると、「すごい自分」が大きく膨らみます。そう、文字どおり瞬時にブワーッと「膨らむ」感じです。息を吹き込むと風船が膨らむように、褒められたり認められたりすると、心の中の風船に強く息が吹き込まれて「膨らむ」のです。でも注意しなければいけないのは、心の中の風船は一気に膨らみますが、つぶれる時も一瞬です。「心が凹む」というのはそんな時です。

一方で、何かの役に立つとか、何かができるとか、自分には価値があるとか、そういう気持ち（「すごい自分」）だけが自尊感情なのではありません。そうしたこととは無関係に、自分は自分なのだ、このままでいいのだ、生きていていいのだといった、自分をそのまま受け入れる気持ちが「ありのままの自分」です。ただ、今ここにいるだけ。それだけの自分（「ありのままの自分」）も、大切な私です。しかも大切なことは、「ありのままの自分」は一気に膨らむようなものではないということです。時間をかけて、少しずつ育まれる心のはたらきです。後でもう少し詳しくお話ししますが、一言で言えば身近な誰かと一緒に時間を過ごして、一緒に笑ったり泣いたりする「共有体験」が「ありのままの自分」を育てる方法です。

このように、自尊感情は「すごい自分」と「ありのままの自分」という、二つの気持ちからできているのです。

## ★すごい自分

例えば3、4歳の子どもの場合、自分を認めてほしいという承認の欲求が具体的な遊びの場面に表れます。坂道を駆け下りてきて、慌てる両親の顔を見ながら自慢げに胸を張っています。どうだ、すごいだろ、と言わんばかりの鼻息です。

「自分はできる」という感覚は、とても大切です。一度やってみてうまくできると、次に同じような場面に出会っても、この前できたのだからきっとできるだろうと思えます。また、身近な友だちや兄弟、あるいは両親や先生などの大人がやっているのを見て、同じようにやれば自分もできるのではないか、と思えたりします。

こうして、子どもたちが学習（社会的学習）をして確立していく感情を、自己効力感と言います。いろんなことに挑戦して成功すると、自己効力感の基礎を固めることにも役立ちます。

そして、実際に何度もやってみて、いつでもできることを確認することで、自分は「やればできるんだ」、という感覚がしっかりとしていきます。これが自己有能感です。また、自分のやったことが誰かの役に立ったと確認できると、自己有用感が高まります。

失敗を恐れずにこま回しや縄跳びなどの、様々な「やりたい」ことに挑戦したり、園庭での片付けや食事の準備など、保育者の役に立って褒められたいとか感謝されたいという、素直な気持ちはとても大切です。

失敗することもあるけれども成功することもあります。自分はやればできるんだという実感を持つことは、この時期の子どもにとってとても大切なことです。さらには、うまくいって褒められて自己有能感の基礎ができたり、役に立ったとか助かったと感謝されたりすることで、自己有用感が育まれ承認欲求が満たされます。

これらの、自己効力感や自己有能感、自己有用感などがしっかりとしていくことで、自分は大切な存在なのだ、自分には価値があるのだという自己肯定感が支えられるのです。

こんなことができる、あんなことができるという自己有能感。誰かの、何かの役に立っているという自己有用感。いつでもできる、今度もやれるという自己効力感。それらの感情に支えられて自己肯定感ができることで、子どもの心の中心に、社会的存在としての自己を大切に思う気持ち、社会的自尊感情が支えられ、しっかりと育まれます。社会的自尊感情は、わかりやすく表現すれば「すごい自分」という感覚です。これこれのことができる自分には価値がある、生きている意味があるという思いです。

一方で、自分自身を丸ごとそのまま受け入れて、生きていていいのだという気持ちを「ありのままの自分（基本的自尊感情）」と言います。

この気持ちの基盤は、乳幼児期に育まれます。この基本的自尊感情がしっかりと育まれているかどうかは、人が生きていくうえで極めて大切です。ただ、これも後で詳しくお話ししますが、乳幼児期に十分育まれる機会が得られなかったとしても、決して手遅れということはありません。大きくなってからでも、さらには大人になってから、もっと言えば高齢になってからでも、身近な人と一緒に笑ったり泣いたりする「共有体験」を繰り返すことで、基本的自尊感情は育っていきます。

生きていく中で、人の日常は順調な時ばかりではないと思います。辛いことと遭遇したり、困難な状況に陥ったりすることもあるでしょう。そんなときに、自分自身を丸ごと受け入れ、ありのままの自分を認めて、欠点も含めて受容していくような気持ちが、基本的自尊感情です。

## ★「すごい自分」は熱気球

人は、成長していくにつれて、それまで経験したことのないような、新しい場面やできごとに遭遇します。新たな仲間や友だちとの関わりも増えます。やがて学童期になれば、勉強や様々な活動に取り組んで、それらをこなし良い成績を上げていかなければならないと思うでしょう。そうした時に、もっと良い成績を取りたいと考え、そのためにやる気を生み出して頑張っていくことが必要になってきます。

そのやる気の源になるのが、幼い頃から培ってきた自己有用感や自己有能感、自己効力感などです。自分はやればできるのだという思いが、困難な状況を乗り越えたり、頑張って前に進んで行こうという気持ちの原動力になるからです。

「すごい自分（社会的自尊感情）」は、頑張って良い成績をとったり、勝負に勝ったり成功したりしたときに高まります。人との比較によって勝っているときに高まり、負けると低下します。つまり、相対的な性格を持っています。

「すごい自分」はとても大切な感情ですが、誰でも、いつも勝てるわけでもありませんし、常に良い成績が取れるわけではないと思います。いつでもうまくいくとは限りませんし、ずっと「すごい自分」でいられるかどうかはわからないのです。だから、「すごい自分」という感情は不安定なものなのだと言っても良いでしょう。

そうした意味で、「すごい自分」は、不安定な感情であり永続性のない、一過性の

**図：社会的自尊心は熱気球?!**

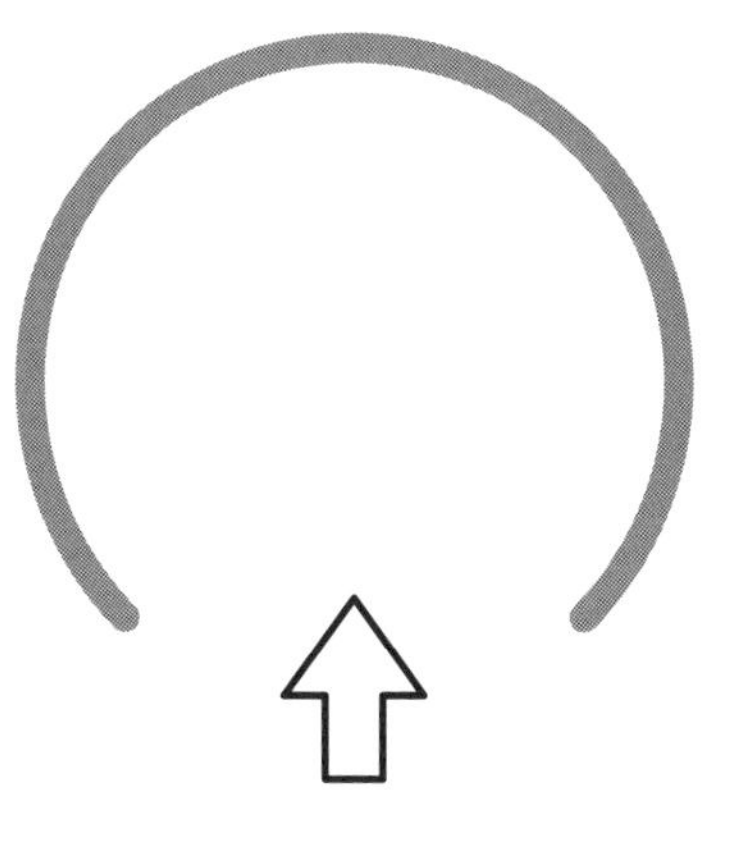

**優越感、人より優れている、**
**他者との比較…**

熱気球のように
膨らんで舞い上がる

ガスバーナーの熱風
（頑張る、褒められる、
認められる…）

感情なのです。身につけたら「一生もの」、というわけではないのです。

もし、ずっと「すごい自分」でいたければ、休むことなく頑張り続けて、褒められるためにいつでも明るい、良い子でいなければなりません。先生に褒められるし、お父さんお母さんの言うことも聞くし、友だちとも仲良く元気に遊ぶし、いつも前向きな良い子です。それはあたかも、大きな熱気球を膨らませて大空高く舞い上がっているような状態です。熱気球は、下から熱い空気を送り込むことで、大きく膨らむからです。

頑張って、褒められて「すごい自分」を保っている子の心は、大きく膨らんだ熱気球のようなものです。負けたり、失敗したり、怠けたり、叱られたりすると、大きく膨らんだ熱気球がしぼんでしまって、墜落してしまうかもしれません。ですから、熱気球に頼っている子ども、言い換えれば「すごい自分」であり続けようとする子どもは、手を抜くことがありません。24時間、３６５日ずっと頑張って、良い子であり続けようとしているのです。

## ★熱気球がつぶれたら

東京ドームという野球場をご存知だと思います。完成は１９８８年の3月だそうですから、２０２３年の今年で35年経ったことになります。ドームの屋根は、わかりやすく言えば布でできた巨大な風船を膨らませた構造です。ですから東京ドームは、屋根が凹んでしまわないように、35年間一日も一時も休まず送風機でずっと風を送り込んできたのです。

35歳になるまで、ずっと「すごい自分」であり続けたのです。でも、東京ドームは人ではありません。人工的な構造物ですから、どんなときにも一度も凹むことなく35年間、大きく膨らんだまま存在し続けられたのでしょう。

しかし、はたして生身の人間が、生まれてから35歳になるまで、一度も失敗もしないで負けることもなく、凹むことがなくいられるでしょうか。ずっと「すごい自分」を保ち続けることができるでしょうか。

褒められて、いい気分になって舞い上がっていても、日常の何気ないことで凹んでしまうこともあるでしょうし、もっと大きな失敗や挫折を経験することもあるかもしれません。また、誰かと比べて自分の方が良い成績をとったとしても、もっとすごい人が現れれば、自分はそれほどでもない、自分なんか駄目だと凹んでしまうかもしれません。

それでも、私たちは生きてきました。なぜ生きてこられたのでしょう。うまくいかなかった時、駄目だった時、負けてしまった時、失敗した時、疲れてしまった時に、どうやってその時を切り抜けていくのでしょう。

私たちはそうした困難な時を、どのようにして乗り越えてきたのでしょう。それは、私たちは、「すごい自分」だけに頼って生きているのではないからなのです。すごくなくても、役に立たなくても、できることがなくても生きていていいのです。

## ★「生まれてきてよかった」

実際、私自身のこれまでのことを振り返ってみても、うまくいかなかったり、駄目だったり失敗したりの連続です。むしろ「すごい自分」を感じることが少ないくらい、いやむしろほとんど駄目の連続です。それでも、こうして生きてきました。

つまり、私自身「すごい自分」だけをよりどころにして、これまで生きてきたのではないのだと思います。極端に言えば、成り行きでこれまで生きてきたように思います。生まれてきたから、オギャアと生まれてきたその時の勢いや流れに身を任せて生きてきたように思います。もちろん、生まれてきたことを良かったと思っています。嫌々生きているわけではありません。かといって、「自分はすごいんだ」とか「自分は役に立っているんだ」とか、さらには「自分には価値があるんだ」などと確認できることなんて、ほとんどありませんでした。

生まれてきたことをよかったと思っている、けれども今現在の自分に特に価値があるとは思っていない。なんだか矛盾することを言っているように聞こえるかもしれません。でも、これは矛盾しないのです。

人は誰でも、「生まれてきてよかった」と心の中心で確信しています。だから、生きているのです。生き続けているのです。

「いいえ。私は、生まれてきてよかったなどと思っていません。しかたなく、生きているだけなのです」などと、言う人がいるかもしれません。実は、この人の言葉は、すでに矛盾をはらんでいます。「生まれてきてよかった」という思いが、心の中心にない人は、生きていくことができないからです。ただ、その「生まれてきてよかった」という思いを、自覚できていないだけなのです。今この瞬間に呼吸をして生きているすべての人は、生まれてきた瞬間に「生まれてきてよかった」と身体全体で感じ取っています。ただ、そのことを思い出せないだけなのです。

「生まれてきてよかった」という思いは、生まれてきた瞬間、赤ちゃんが体全体で感じ取る思いです。具体的にいえば、生まれてきた瞬間、誰かの手のひらで受け止められる体験です。そしてその時、「温かいな、柔らかいな、生まれきてよかった」と、誰かの手のひらの感覚を体全体で感じ取っているのです。

## ★無条件の愛

すべての人は、お母さんの胎内からこの世界に出てきます。冷たい床の上に産み落とされたのではないのです。必ず、人の手のひらが、赤ちゃんを受け止め、抱きとめるのです。そしてその瞬間に、「ああ、なんて柔らかいのだろう。なんて温かいのだろう。ああ、この世界に出てきてよかった。生まれてきてよかった」と身体全体で感じ取る体験をします。

それは、条件抜きの無条件の絶対的な体験です。男の子であっても女の子であっても、障がいがあっても病気であっても、今目の前で生きている人はすべて誰もが、生まれた瞬間に無条件に受け止められたのです。無条件の愛の、極限的な形だと言っても良いかもしれません。

このように、無条件の愛を明確に感じ取った体験を、すべての人が間違いなくしているのです。この時の体全体で感じた思いは、永遠に忘れることはありません。だから、心の一番奥底には、誰でもが温かく優しい心の核を、宝物として持っています。ただ、あまりに奥底なので、簡単に思い出すことはできないのです。

大切な、本当に大切な体験ですから、心の一番中心の、奥底に大切な宝物としてしまってあるのです。「一生もの」の宝物です。普段は思い出せませんし、思い出すこともありません。そんな宝物を持っていることさえ、忘れてしまっているかのようです。でも、忘れたわけではないのです。ただ、思い出せないだけです。

その時の勢いや流れで、思わず、一時的な迷いから間違ったことをしてしまったり、罪を犯してしまうことさえあるかもしれません。でも、すべての人は、心の中心には無条件の愛によって形作られた宝物を持っています。芯からの悪人はいないのです。私は、そう信じています。

そして、この忘れがちで思い出すことさえ少ない「宝物」を、誰もが持っていること、そしてそれが本当に大切な宝物だということを伝えたいと思っています。

## 2 「共有体験」で育む心

### ★心はどこに？

私は、研修会や講演会で、保育者の皆様方に、まず「心はどこにあるのでしょうか？」とお尋ねすることにしています。会場は、胸に手を当てる人と頭に手をやる

人の、大きく二つの群に分かれます。

そうですね。確かに、胸がときめいたり、胸がわくわくしたり、胸が切なかったり、胸が苦しかったたり、私たちは胸で様々なことを感じているようです。だから、心は胸にあると手を当てたのです。間違いではないと思います。でも本当に、心は胸にあるのでしょうか。

一方で、頭に手をやった方もたくさんおられます。確かに、頭が痛かったり、頭を悩ましたり、頭に血が上ったり、頭を冷やしたりします。頭には脳があります。脳の神経の働きが、心をつかさどっているのです。だから、心は頭にあるということなのでしょう。これも間違いではないと思います。

胸に心があるというのは、自然な発想でしょうし、頭に心があるというのは医学的な考え方でしょう。それらはどちらも間違っていないと思います。

ただ、ここではこれらとはちょっと違う考え方をお伝えしたいと思っています。

## ★豊かな心

そもそも、心を持った存在である人間とは、いったいなんなのでしょうか。人間とは何か、私な何者なのか、どこからきてどこへ行くのか、実に根源的で答えに窮する問いかけです。

よく知られているように、「人間は考える葦（アシ）である」と言ったのは、17世紀の思想家パスカルです。人間は、川辺の葦のようにか弱い存在ではあるが、ただ考える存在である点が人間の人間たるところだということです。そのほかにも、「人間は二足歩行をする動物である」とか、「人間は道具を作り、道具を使う動物である」など様々な定義があります。

私自身は、「人間は感情を分かち合う動物である」と考えています。「感情」は一人では生まれてきません。生まれたばかりの乳児の心は、「快」と「不快」の二つの感情しかなかったに違いありません。お腹が空けば「不快」、ミルクで満腹になれば「快」、オシメが濡れていれば「不快」、乾いていれば「快」といった具合です。

そんな子どもが、ようやく歩けるようになり、お母さんと散歩をしているときに、ふと道端でチラチラと揺れ動くものに気を取られてしゃがみこみました。ただ、何か動いているものが気になっただけです。すると、お母さんも一緒にしゃがみこんで、その動く小さなものに目をやります。タンポポです。タンポポの花が、春の風に吹かれて揺れていたのです。お母さんは言います。

「あら、タンポポだわ。なんて可愛らしいのかしら。」

子どもは、心の中で思います。この揺れている小さなものは、タンポポというもので、これは可愛いものなんだ。

「もう春が来たんだわ。なんだか嬉しくなってきたわ。」

そんなふうに言いながら、お母さんは子どもの顔を覗き込むかもしれません。そして、子どもは思うのです。

「ああ、可愛いタンポポの花を見ると、お母さんは嬉しくなって、ニコニコと笑うんだ。なんだか、僕も嬉しくなってきた。お母さんと一緒にいると幸せだなあ。」

こんなふうに、子どものこころは豊かに育まれていくのだと思います。嬉しいとか、楽しいとか、幸せだとか言う気持ちは、説明して教えられるのではありません。身近な信頼できる人と、同じものを見たり同じ体験をしたりして、感情を共有したことで、豊かな心は育まれていくのです。

これが、「心はどこに?」という問いの答えです。つまり、心は二人の間にできるのです。そして、二人の間にできた心を、二人は同じように分かち合い、それぞれが大切に持ち続けるのです。大切に胸にしまうのかもしれないし、頭に記憶するのかもしれません。いずれにしても、心がいきなり胸や頭に生まれるのではないのです。

## ★共有体験

このように、誰か身近な人と一緒に同じ体験をしたときに、同じように様々な感情が湧いてきます。もちろん、同じ場所で同じものを見ても、一方が楽しいなと感じ、もう一人はつまらないなと感じることもあるでしょう。

しかし、気持ちがぴったりと一致して、同時に驚いたり、一緒に笑ったり、共に泣いたりすることもあると思います。そうした体験を、私は「共有体験」と呼んでいます。そんな共有体験をした時、二人はその同じ思いを分かち合って、その半分を自分のものとして持ち帰るのです。二人で作った「感情」を、二人で分かち合うのです。

一人で本を読んでいても感情は湧いてくるし、一人で音楽を聴いていても様々な思いが湧いてくる、という意見も聞こえてきます。でも、必ずその本や音楽の後ろには、それを書いた人や歌った人がいるのです。そうした作者たちと私たちは感情を共有し、それを分かち合ったのです。

でも残念ながら、その時作者はその場にいません。だから、共有体験は不完全です。作者の心に、こちらから働きかけることができないからです。そういう意味で、本や歌を通した作者との感情の共有は、不完全なものなのです。あなたから私が影響を受け、私からあなたが影響を受けつつ、同じように感じた思いを共有することが、共有体験において一つの大切な点です。

## ★「向き合う」と「寄り添う」

では、自尊感情はどのように育まれていくのでしょうか。この感情をしっかりと育むこと、それは愛の体験、言い換えれば共有体験によって初めて可能となります。そして別の言い方をすれば、愛の関係によって人と人の関係が深まり、自分は一人ではないのだという確信が持てるようになるのです。

子どもは、まず向き合う関係で身近な存在である親や養育者・保育者を、信頼できる存在として認識します。それを踏まえて、生後6ヶ月くらいから、親や養育者・保育者など身近な大人と子どもは、様々な体験を共有し始めます。そして、大人が「ああ綺麗だな」と目を細めていると、子どもも目にしている同じ景色を見ながら、それを綺麗だと感じ、幸せな気持ちが育まれるのだと思います。

美しさとか可愛さ、さらには幸せとか満たされた気持ちなど、様々な心の働きは、向き合って教えることではないのだと思います。身近な信頼できる大人と、同じ時間を共有して、同じものを見て、同じものを感じることで、少しずつ心の中に蓄積されていくのだと思います。

子どもと向き合うことが大切だと言われますが、これは子どもとの関わりの入り口に立ったことを意味します。「すごい自分」を育てるには、子どもと向き合うことが大切です。向き合って目を合わせて、「すごいね」「がんばったね」「よくできたね」と褒めてあげれば「すごい自分」（心の中の熱気球）が膨らみます。逆に、目を見て「駄目でしょ」「いけない子ね」などと叱れば、「すごい自分」は一気に凹みます。

まず向き合って、見つめ合って、関係ができていきます。アイコンタクトとか視線の交差とかいわれる行為です。愛着関係（アタッチメント）を形成するための基本的な行為も、この向き合う関係だと思います。

もちろん、見つめ合うという、視覚を使った関わりだけでなく、触れ合ったり匂いを感じたりといった触覚や嗅覚、そして聴覚や味覚など五感の働きも大切です。それらを通して、いつでも安心してそばにいて良いのだという、一貫性や安定性によって保障された養育者の存在を身近に感じ取ります。そして、安心できる気持ちが育まれていきます。

## ★「寄り添う」関係

さて一方、「ありのままの自分」は、どうなっているのでしょう。１９７０年代にネイチャーという雑誌に一つの論文が発表されました。親や身近な大人が指差す方を、子どもが一緒に見つめることを共同注視と言いますが、それが生後何ヶ月くらいから可能になるかということを調べたものでした。その論文によれば、生後６ヶ月を過ぎるとそれが可能になってくるというのです。

誰かと一緒にいるときに、一方があれは何かしらと指をさせば、私たちはごく自然にそちらに目を向けることでしょう。当たり前のように、そうした行為が行われています。でも、生まれたときからできるわけではないのです。赤ちゃんは、生後

6ヶ月くらいから、ようやくそれができるようになり、発達的な問題がなければ、1歳を過ぎるとほとんどの子どもができるようになるのです。逆に言えば、それまではできないのです。

それまでは子どもにとって、身近にいる親や養育者という存在が世界のすべてなのです。二人は見つめ合って、二人だけの閉じた世界を形作っています。周りのこと、周りの人のことは関係ありません。それが、6ヶ月を過ぎる頃から、二人は並んで外の世界を一緒に見つめることができるようになるのです。目の前の世界を共有するのです。

子どもの心に響く、心を育む関わりは、並ぶ関係、寄り添う関係ができて初めて実現するのだと思います。別の言い方をすれば、向き合う関係は「すごい自分」に働きかける関わりです。並ぶ関係（寄り添う関係）は「ありのままの自分」に働きかける関わりなのです。

『星の王子様』の作者サン＝テグジュペリの作品に『人間の大地』という本があります。飛行士としての体験をもとに、様々な困難を乗り越えた経験などが、ドラマチックかつ詩情豊かに書かれた名著だと思います。その本にある言葉を紹介したいと思います。

〝愛するとは互いを見つめ合うことではない。一緒に同じ方向を見つめることだ。〟

お日様に向かって並んで咲くひまわりの花のように、子どもたちと親や養育者・

保育者が同じものを見て同じ時間を共有し、感情を共有することが大切なのだと思います。

**参考文献**
Scaife, M., & Bruner, J. S.(1975). The capacity for joint visual attention in the infant. Nature, 253, 265-266.
サン＝テグジュペリ、渋谷豊／訳（２０１５）.『人間の土地』（光文社古典新訳文庫）. 光文社

## ★愛の共有体験

ゴリラの研究で知られる動物行動学者の山極壽一・京都大学教授（当時）が、当時新聞のコラムで次のように人と猿の違いを述べていました。「人間がサルと違うのは、仲間と一緒に見ることで自分が感知した世界を共有しようとすること」（山極壽一「『共に見る』ことの力」、ｅメール時評、朝日新聞、２００３年2月5日）。

発達心理学の研究によれば、人はわずか生後６ヶ月で側にいる誰かが指差した方向を、一緒に見ようと視線を向けます。これを、共同注視（Joint Attention）といいます。これは驚くべき人間の能力の一つだと思います。

私は長年にわたって、何頭もの犬たちと暮らしてきました。今は7頭目の可愛い子と暮らしています。我が家で生まれて、その誕生の瞬間から16年間、一緒に暮ら

して愛を育んだ（つもりの）ラブラドールレトリバーの雌犬メメもいました。お互いに気持ちをわかりあい、常に寄り添って16年間を一緒に暮らしました。亡くなる日の最後の瞬間まで用を足しに庭に出る彼女を支え、彼女はそれに応えて健気に最後の瞬間を迎えました。私たちは、本当に愛し合っていたと思っています。

しかし、そんなメメでさえ、散歩の途上で美しい夕焼け空を私が指差すと、彼女は私の指を見つめるのです。私が空を指差して手を振れば振るほど、彼女は怪訝そうに首をかしげながら私の指を見つめるのです。

同じ方向を見て、同じように感じる共有体験こそが、愛を確認し育むための大切な行為のはずでした。ところが、人ではなく犬であるメメは、そうした共有体験には縁がないのでした。

向き合って互いを認知すること、好意を示し合うことは、動物でも鳥でも、さらに言えば昆虫でさえやっていることでしょう。しかし、夕焼け空を見上げて、ああ綺麗だなと共感して互いの存在を大切なものと感じ合う気持ちを持つことは、人間にしかできない本質的な行為なのかもしれないのです。人間の本質は、誰かと思いを共有したいというそのことにあるのかもしれません。

# 3 共有体験で自尊感情を強くする

## ★手のひらの感触

「寄り添う関係」で二人の間に心が生まれ、同じものを同じように感じる共有体験をします。それが、一体どのように自尊感情につながるのか、改めて考えてみたいと思います。

誰もが、生まれた瞬間に、誰かの手のひらで受け止められた「温かく、柔らかな」手のひらの感触を心の底に持っているのでした。そして、その体験は簡単に思い出せないけれども、決して忘れたわけではないのでした。すべての人が、その体験を宝物として心の奥底に大切にしまっているのでした。

でもその宝物の存在を、いつも気にかけているわけではありません。それに、生まれたばかりの時の体験ですから、本当にかすかな思い出なのです。私は、それを一枚の紙に例えてみたいと思っています。

子どもの頃に模型いじりが大好きだった私は、ヒゴや和紙で小さなヨットを作りました。骨組みの上に注意深く和紙を貼り、何枚もの和紙を糊で張り重ねていくと、最終的にとても堅くしっかりとした和紙のボディが出来上がりました。確固とした基本的自尊感情も、こんなふうに出来上がっていくのではないかと考えています。

すべての子どもたちは、心の一番奥底に必ず絶対に、一枚の紙を大切にしまって持っています。宝物のような一枚の紙です。この一枚の紙こそが、「ありのままの自分」の元になるものです。生まれ出た瞬間に、無条件にまさに「ありのまま」に受け止められたからです。男の子であっても、女の子であっても、障がいがあっても病気があっても、「ありのまま」に、無条件に手のひらで受け止められたのです。それが、一枚の紙です。だから、今ここに生きているのです。

でも、たった一枚の紙です。薄くて軽くて、弱いものです。風がちょっと吹けば、吹き飛ばされてしまいます。引っ張られれば、簡単に破れてしまうかもしれません。だから、この宝物の一枚の紙を、もっと強いものにしなければなりません。紙を補強するために、別の紙を貼り付けていくのです。これは幼いときから身近な他者とどれだけ多くの共有体験をしたかにかかってきます。

## ★和紙を何枚も貼り重ねていく

紙の補強は、一人ではできません。誰かとの、共有体験の繰り返しで、別の紙を積み重ねて補強するのです。糊の染み込んだ和紙を、一枚一枚積み重ねていくような作業です。一緒に笑ったり泣いたりして、共有体験の和紙が積み重なります。

一度に厚い紙を貼り付けるのではなく、一枚一枚の和紙は薄くても、何枚も貼り重ねることによってしっかりとした紙の束が出来上がります。和紙を貼る行為は、いろんな体験や思いを積み重ねていくことなのです。楽しい思いや嬉しい思いは、赤や黄色などの明るい和紙かもしれません。苦しい、悲しい思いを共有した時は、灰色や黒などの暗い色の和紙かもしれません。いろんな色の和紙が積み重なることで、深みのある味のある豊かな心が作られていくのだと思います。

その和紙には、共有体験で一緒に泣いたり笑ったりした、様々な感情の糊が染み込んでいます。その和紙が、積み重なっていくのです。時間が経つに従って、糊が乾いて積み重ねられた和紙がしっかりと張り付いて行きます。硬くて重い、しっかりとした紙の束ができます。「ありのままの自分」は、こうしてしっかりと作られ、育まれて行くのだと思います。共有体験をした二人の心には、同じように一枚ずつ和紙が積み重なります。子どもと共有体験をすれば、大人の心にも同じように和紙が積み重なります。子どもを育て、一緒に笑ったり泣いたりすることで、大人の基本的自尊感情も育まれるのです。

「ありのままの自分」は一度できたら、簡単には崩れたり壊れたりしません。積み重ねられて、しっかりと糊で貼り付けられた、硬くて重い和紙の束だからです。

「すごい自分」が、熱気球や東京ドームの屋根のように、大きく膨らんでいるの

**図：少しずつ重ねて厚みを増す基本的自尊感情**

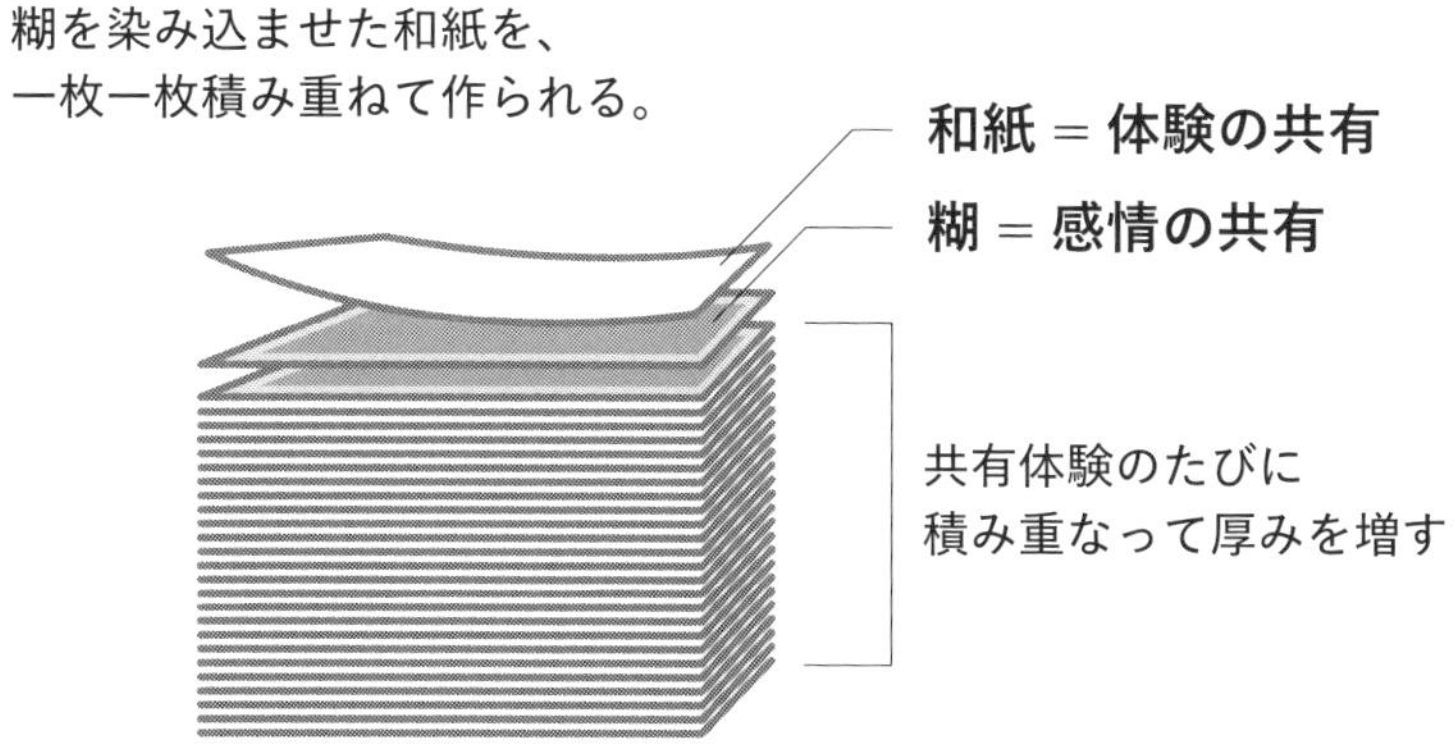

糊を染み込ませた和紙を、
一枚一枚積み重ねて作られる。

**和紙 ＝ 体験の共有**

**糊 ＝ 感情の共有**

共有体験のたびに
積み重なって厚みを増す

とは違います。大きく膨らんだ気持ちは、負けたり、失敗したり、叱られたりすると、一気にしぼんでつぶれてしまいます。そんな膨らんだ風船のような気持ち（「すごい自分」）と、固く積み重なった思い（「ありのままの自分」）では、安定感が違うのです。

## ★身近な共有体験

では、共有体験で和紙を一枚一枚積み重ねるとは、具体的には、どういうことでしょうか。

外で泥んこ遊びや水遊びをして、きゃあきゃあ言いながら追いかけっこをしたりするのは、もちろん共有体験です。林や森に入って行って虫を探したり、野原で草花を摘んだり首飾りを作ったりすることも、共有体験です。誰かと一緒に道端の小さな花を見て、ふと「可愛いね」とつぶやくのも、大切な共有体験の瞬間です。

でも、そんなふうに外遊びや野外体験をすることだけが、共有体験なのではありません。絵本のページを誰かと一緒にめくったり、身近な大人に読み聞かせをしてもらって、ハラハラドキドキしたりすることも共有体験です。さらには、テレビやビデオでアニメや映画を一緒に見たり、音楽を一緒に聴いたりすることも、大切な共有体験です。家で家族と一緒にご飯を食べることも、園で友だちや先生と遊ぶことも、大切な共有体験なのです。ただ、ここで大切なことが一つあります。それは、先生や親など大人も、子どもと同じようにハラハラドキドキすることです。共有体験ですから、子どもの心を大人が一方的に動かすのでは意味がありません。大人も子どもと一緒にハラハラドキドキできること、そのことがとても大切です。

共有体験は、まさに生まれ出たあの時の、ありのままの自分が受け止められた、あの懐かしい宝物の体験を思い出す瞬間です。「ああ、温かいな。なんて柔らかいんだろう。生まれてきて良かった」と、身体中で感じたあの宝物の体験が、再体験されるのだと言ってもいいでしょう。こうして、たった一枚しかなかった宝物の紙の上に、一枚の糊の染み込んだ和紙が重なるのです。若くても年を重ねても、共有体験ができれば、その人の心にはさらに和紙が乗っていきます。子どもと共有体験をすれば、大人の心にも和紙が少しずつ積み重ねられ、さらにしっかりした自尊感情ができあがっていくのです。

社会全体、世の中全体が、「すごい自分」に価値をおいて、頑張れ頑張れと大合唱をしているような時代ですから、子どもの身近にいる私たちが、「ありのままの自分」を支え育む手助けをしなければならないのだと思います。繰り返しになりますが、子どもと共有体験をするというのは、大人が「子どもの心に和紙を乗せてあげる」のは違います。大人の心にも、同じように和紙が糊付けされるのです。だから大人の心にも、「ああ楽しいな」「なんだか悲しいな」などの思いが、子どもと同じように感じられるはずです。

## ★「すごい自分」は後からついてくる

そしてここで、こっそりと私の個人的な考えを、一つ付け加えてお話ししておきたいと思います。「ありのままの自分」がしっかりと育まれた子どもは、とても心が安定しています。ちょっとしたことには動じません。しかも、感受性が豊かで身の回りの様々なことに興味と関心を持っています。共有体験を、たくさんしてきているからです。

そんな子どもが、やがて学校に通うようになった時には、自然や環境に対する感受性だけでなく、例えば授業で先生が教えてくれる、理科や社会科や国語や算数のお話の中の、一つひとつの言葉や数字にさえ何かを感じ、興味を持ち関心を示して、深く考えたり理解しようとするようになるのだと思います。

それは、結果的に学業成績の成果として、現れてくるのではないかと思います。「すごい自分」は、おまけのように後からついてくるのです。

エッセイ

# 人それぞれの努力と幸せ

## ◆努力は人それぞれ

努力は必ず報われる、と思える体験をできる人は幸運な人だと思います。大抵の努力は報われないと思うからです。でも努力ってなんでしょうか。

私自身は、生きていること、ここにいること自体、すでにかなりの努力をしていると思っています。椅子に座っていることも、パソコンのキーを叩いていることも、画面を見つめていることにも努力が必要です。そんなことは当たり前のことで、努力に値しないと言われるかもしれませんが、私にとってはこれだけでも努力しているのです。

眠い目をこすりながら起きて、朝のコーヒーを口にした時、私は幸せを感じます。眠いのに起きた、という努力の結果です。努力が報われました。眠いのに起きたのです。きしむ体に鞭打って、起き上がったのです。努力が報われました。良いでも、こんな日常の何気ないことを、人は努力と認めないかもしれません。良い成績をあげること、1番になること、その時に努力が報われたと評価されるのかもしれません。

川沿いの散歩で、いつも出会う数羽の鳩たちがいます。時には手元にパン屑などを用意して、彼らと遊んでいます。私が手を挙げると、向こう岸のビルの屋根から、一斉に飛んできます。

そんなことを繰り返しているうちに、あるとき気づいたのですが、一羽の鳩の片足がないのです。付け根から足が1本ありません。残った片足で、ぴょんぴょんと跳ねるようにしながら、みんなと一緒に走り回ってパン屑をつついています。

パン屑を食べるために、他の鳩より随分と努力しているように見えます。そこで、その鳩に特別に大きなパン屑を与えようとしたのです。でもそれでいいのだろうか、とふと考えました。片足の鳩は、走り回るために相当な努力をしているに違いありませんが、他の鳩だってやはりその鳩なりに餌を食べようと、努力しているのだと思うのです。努力は、他者と比べるものではないのかもしれません。

### ◆幸せだって

デパートの、地下の食品売り場でのことです。私の前を、4歳くらいの男の子が母親と手をつないで歩いていました。見ると、目に涙を浮かべています。そして、半分泣き声になりながら叫ぶように訴えていました。

「お母さんは幸せなの？　どうすれば嬉しいの？」

なんという問いでしょう。こんなにまっすぐな、しかも人生の奥深いところを突いた問いを耳にしたことが、かつてあったでしょうか。幼い子どもが、幸せについて、生きる喜びについて、まっすぐに問いかけているのです。大人は、なんと答えるべきでしょうか。あるいは答えられるでしょうか。

私の目の前のその子の母親は、まっすぐ前を向いて歩きながらキッパリと言い切りました。

「お母さんは、いつだって嬉しいわよ」

表情一つ変えずに、まっすぐ前をみて歩きながら答えていました。政治家の答弁のようだと思いました。お母さんだって、それなりに努力をしているに違いありません。答えようのない問いを、しかも買い物で混雑するデパートの地下売り場で突きつけられたのですから、これが精一杯の返答だったのかもしれません。

男の子は、それ以上追求する術がないのでしょう。なお泣き顔のまま、母親に従って歩いて行きました。

デパートの地下売り場から街路に出ると、道の向こうから両手に紙のカップに入ったコーヒーを持って、若者がさっそうと歩いてきました。ところが、私とすれ違う直前に、目の前で急に立ち止まったのです。そして、片足を上げて靴の底を確認しています。首をかしげて、来た方を少し振り返りましたが、気を取り直したように前を向いて、私の横を通り過ぎていきました。

彼の来た道を目をこらして見てみると、半分踏みつぶされた犬のフンが落ちていました。彼は、少しばかり運が悪かったようです。私が、それを踏んでいたかもしれないのです。おかげで私は助かりました。でも、犬のフンを踏んだくらいでは、両手にコーヒーを持った彼の幸せは、揺るがないに違いありません。努力も幸せも、個別的で個人的なもの、人と比べられるものではないからです。

## ◆努力も幸せも

というわけで、努力も幸せも主観的なものであり、個人的で個別的なものです。

高校生の頃からギターを友としてきた私は、その時々に気の合う誰かとバンドらしきものを組んでは、音楽を楽しんできました。高校生の頃は、もっぱらベンチャーズとビートルズでしたが、大学生の頃は岡林信康や高石ともやのフォークソングを、ギターを抱えて歌っていました。

社会人になってからは、ジャズのトリオを組んで楽しみ、その後はいくつかのクラシックのオーケストラを渡り歩き、ベートーベンやモーツァルトを堪能しました。ロンドン大学の医学部に研究員として在籍していた時も、一番の楽しみは毎週金曜夜の市民オーケストラの練習でした。ベンチャーズからモーツァルトとは、一貫性がないと笑われるかもしれませんが、音楽の楽しみ方は人それぞれなのだと思います。

話は変わりますが、コロナウイルス感染症の広がりの中、オリンピックを開催するか否かで、ずいぶん長い間議論が続けられました。オリンピックに限らずスポーツの世界では、純粋に競技を楽しむ人もいれば、上を目指して激しい練習を重ねる人もいます。また、試合を観戦して楽しむ人もいるし、大会を支えることに喜びを見出す人もいるのです。さらには、その経済的な利得に喜びを見出す人だっているわけです。

スポーツ大学に籍を置いて6年が経過しました。この大学では、プロとしてゴルフなどの世界で名をなしている学生もたくさんいます。少しずつスポーツの世界の様子が見えてきたような気がします。良い悪いではなく、今までの私の知っている世界とは全く違う世界なのでした。それぞれの立場で、それぞれの考え方がある。やはり、人それぞれなのだと思います。

## ◆健康で文化的な生活

こんなふうに音楽とスポーツのことを考えていると、健康教育学を専門とする立場の私の脳裏には、大学の講義で必ず解説する憲法第25条の条文が思い浮かびます。そこで謳われているのは、「健康で文化的な最低限度の生活」です。

この条文の文言そのものをタイトルにしたテレビドラマが、2018年にフジテレビで放映されました。吉岡里帆さんと井浦新さんが主演の、なかなか渋いドラマでした。井浦新さんは、2021年のドラマ「にじいろカルテ」では外科医の役で、良い味を出していましたね。

それはともかく、「健康な生活」ではなく「健康で文化的」な生活なのですね。よく知られたマズローの欲求の五段階説でいえば、最下位に属する生理的欲求や安全の欲求を満たして「健康」が保障されるだけでなく、最上位の自己実現を目指す生活、つまり人間の人間らしさ、豊かで温かい「文化的」な生活をも含意しているということなのだと思います。

第25条はあなどれません。そういう意味で言えば、ベンチャーズもモーツァルトもオリンピックも文化的な活動として、健康と同列に扱われるべき最低限度必要な、大切なものなのだと思うわけです。

このように憲法で、「健康で文化的な最低限度の生活」は国民の権利として保障されています。その権利を支えるのが国の努めである、と条文にはっきりと記されています。憲法改正に向けての議論が始まっていますが、この第25条については、大方が異論のないところではないでしょうか。

ついでに言えば、大学の講義では憲法13条についても触れることにしています。ここでは「生命、自由及び幸福追求に対する国民の権利」が、最大限尊重されなければならないとされています。ここでも、健康であるとともに幸福に生きることを目指す権利、つまり幸福権が保障されているのだと思います。幸福に生きる権利があると言っても、幸福もまた人それぞれですから、これはこれでなかなか難しい議論になってしまいそうです。

### ◆分かれた道もいつかは

私の音楽生活では、60歳近くになってから出会った大学のゼミ生と、フォークのデュオを組んで演奏を楽しんでいたことが思い出されます。出番は、ゼミのコンパでの出し物や、学会の懇親会の余興といった所ですが、それはそれで楽しいものでした。

その彼は、大学を卒業してしばらくはプロのミュージシャンを目指して活動していましたが、30歳を前にしたある時、医学の道を目指すと宣言し、今では地方の大学病院で、なんと歯科医として活躍しています。

相変わらずの教員生活の私と、新進気鋭のバリバリの歯科医と道は分かれてしまいました。人それぞれです。まあそんなわけで、彼とは共に音楽を楽しむ時間を持てずにいますが、いつかまた路上ライブでもやってみたいと思っている今日この頃です。

（初出：『げんき』186号、2021年7月）

# 若者たちも求めている

## ◆久しぶりのテレビ

何年ぶりでしょうか、２０２２年4月24日ＮＨＫのテレビに出演するために、渋谷の放送局へ行ってきました。数年前に、尾木直樹さんと東山紀之さんが司会する「エデュカチオ」という番組でレジリエンスを特集したときに、Ｅテレに出演しました。その時は、自宅にカメラクルーがやってきて撮影をしました。それよりさらに数年前には、「週刊こどもニュース」という番組でいのちの教育を取り上げてくれたことがあります。その時は大学の研究室で収録をしました。

というわけで、渋谷のＮＨＫのスタジオでの収録は、20年ぶりくらいのことになります。２０００年に「教育トゥデイ」という番組で、いのちの教育が特集されたことがあります。私がコメンテーターとして出演したのは、長野県の伊那市立伊那小学校での動物飼育の総合学習の紹介でした。あの時小学3年生だった子どもたちも、もう30歳前後になっているのですね。きっとみんな素敵な大人になっていることと思います。

さて、今回は「ＮＨＫスペシャル」という番組で、２０２２年5月7日というゴールデン・ウィークの土曜日の午後7時半からの1時間枠です。とても力を入れて作ろうとしている意気込みは、若いディレクターの方たちとの2021年の年末からの、数度にわたる打ち合わせの段階から感じられました。私の著書を何冊も読み込まれていることからも、そのことがわかりました。

番組は「君の声が聴きたい」というタイトルです。番組のために、全国の若者約1万人を対象に、今一番望んでいることは何か、それはどういう理由なのかなどについて、アンケートをとったというのです。そして、アンケートの結果について、スタジオで大人たちが語り合うという設定です。

大人たちがスタジオで語り合うということでしたが、実際に現場に行ってみると思わず感嘆の声が出るほどの立派なセットが組まれていました。畳にすれば40畳はありそうな広さの舞台のようなセットに、椅子や様々な小道具が配置されています。そこは、大都会のビルの屋上という設定なのです。そしてスタジオの壁には、青い大きな布がいっぱいに貼られています。満天の星空を合成するためのクロマキーという布です。

青色は背景として認識され画面に映らないので、当日は青系のものは着てこないように言われていたのですが、すっかり忘れてまさに青色系統のシャツとネクタイとジャケットを着て行ってしまいました。結局、どれもカメラ・テストでアウトとなり、すべて衣裳室のお世話になって、スタイリストの方が出してくださるものを身につけて撮影に臨みました。もちろん、軽いメイクもヘアセットもしてくださいました。

## ◆共有体験の大切さ

番組は、NHKが全国の若者約1万人に望みを聞いたアンケートの結果を元に展開されました。非課税で5億円が欲しいという大学生や、アイスランド人に生まれ変わりたいという若者、可愛くなりたいという女子学生など、様々な若者の声が紹介されました。

一般に大切なことを尋ねると、上位から健康、お金、家族、友だちなどが出てきます。若者ですと、健康は少し順位が下がるのですが、お金や家族、友だちなどは常に上位にきます。今回のアンケートでも、お金は一番に出てきました。そして若者あるいは現代社会特有とも言える事柄として、容姿や外見を気にする回答が多く見られました。

そんなアンケート結果を聞きながら、大人たちが口々に自分自身の経験から思うことを述べていきます。ぶっつけ本番ですので、どんな意見が出てくるかわかりません。私は専門家としてそこにいたわけですが、他の方々は芸能界で活躍しているタレントといわれる方々です。皆さんの様々な意見を聞きながら、私は専門家として一つの方向性を示すという役回りです。

一見法外な望みであったり、見当違いの期待であったりするかもしれません。しかしその背景には、社会的な期待によって苦しめられている若者の心が隠れている、ということを指摘しました。つまり、若者たちは他者との比較や競争の渦中にいて、そこでの成功を常に求めるという生き方に縛られているのではないかということです。

しかし、成功は個人の幸せとは、必ずしも相いれないものなのだと思います。成功は、社会的な価値基準に沿ったものですし、幸せは一人ひとり違う個人の内面にある基準によって決まるものだからです。

成功は社会的自尊感情に、幸せは基本的自尊感情に結びついているのです。そして、幸せにつながる基本的自尊感情を高めるために、幼い頃からの日々の共有体験が大切なのだと力説しました。でもそもそも、若者たちも大切なのは家族や友だちだと言っているのです。それは、まさに共有体験を求めているということでしょう。番組では、ＮＨＫのスタッフが工夫して作ってくれたアニメーションやテロップで、こうした心理学の用語を補足的に説明してくれました。

## ◆駄洒落は

放送後にあった大学と専門学校の授業で、学生の皆さんに感想を聞いてみました。同じ世代の若者として、どんな感想を持ったのか、大人たちの意見が見当外れではなかったかなど気にかかることがたくさんあったのです。

ところが、身近な先生がNHKの全国放送に出演したというのに、視聴した学生は半分以下でした。録画してあるので後で観ますという言い訳もありましたが、それを含めても観た人は半分以下です。少しがっかりしました。これがテレビ離れの現実なのでしょうか。テレビよりスマホなのです。

それでも観てくれた学生諸君の感想は、しっかりと受け止めていることが感じられるものでした。いろいろなことを考えている同世代がたくさんいることを知ったとか、一緒に観た母親と意見交換ができて面白かった、などという感想もありました。自分と同じように葛藤している若者の気持ちに共感して泣いてしまった、けれども自分はあんなふうに一歩踏み出すことができない、という感想もありました。若者たちの思いに対して、大人が具体的にどうするべきかを考えるような、番組の続編を期待する意見もありました。

借り物の衣裳も似合っていたけれど、駄洒落がなくて残念でしたという感想もありました。実は、3回ほど駄洒落を飛ばしたのですが、すべて無慈悲に編集で削除されていたのでした。

（初出：『げんき』192号、2022年7月）

# 第２章

# 子どもの自己肯定感を育てるには

## Q.3

幼稚園教諭です。受け持ちの子の中に、「よくできたね」と褒めるたびに困った顔をする子がいて気になります。褒められても嬉しくないのでしょうか。どのような対応をしたらよいのか、わかりません。

## A.3

なぜ困った顔をするのでしょう。褒められても、そんな自分を肯定する気持ちになれない。嬉しくないわけではないけれど、どうしていいか、どう表現していいかわからない。そんな気持ちなのではないかと思います。

そんな子どもの気持ちを考えてみると、二つ思い当たることがあります。一つは、家庭など幼稚園以外の場で褒められる経験が少なくて、そんな時にどうしたら良いのか本当に戸惑っている場合です。いつも叱られることはあっても、褒められるということがほとんどないのかもしれません。褒められたらどんなふうに振る舞えばいいのか困ってしまうのです。幼稚園で先生から何度も褒められることを経験して

いるうちに、やがて自然に喜びを表すようになるかもしれません。

もう一つは、全く逆の状況です。家庭などで、褒められてばかりいる場合です。すごいね、よくできたねとおだてられて、褒められてやらされる、もっと頑張れと言われていたらどうでしょう。そんな毎日の中で、もうこれ以上頑張れないよと、褒められることに嫌気が差しているのかもしれません。

いずれにしても、褒めることにあまりこだわらないようにしましょう。というのは、褒めるだけで自己肯定感が育つわけではないからです。自己肯定感は大切です。自分を肯定する気持ちがあることで、心の中心にある「自分を大切に思う気持ち（自尊感情）」が支えられるからです。

褒められて自己肯定感が高まり、その結果自尊感情が支えられ育つわけですが、その自尊感情には二つの領域があります。褒められて育つのは「社会的自尊感情」の部分です。これも大切な部分ですが、褒められて大きく膨らむ反面、叱られたり駄目だったりした時には、一気に凹んでしまいます。社会的自尊感情は、とても不安定な感情です。

凹んだ時に、子どもの心の中心を支えるのは「基本的自尊感情」です。この感情を育てるためには、褒めることは意味を持ちません。そうではなくて、子どもと一緒に笑ったり泣いたりする「共有体験」が、基本的自尊感情を育てるのです。一緒に笑った時、先生も笑っているのを見て、自分も笑っていいんだ、自分の感じ方は間違っていない、自分はこのままでいいんだ、と自分をありのままに受け入れて「ありのままの自分（基本的自尊感情）」が育ちます。

褒めることも大切ですが、一緒に泣いたり笑ったりする「共有体験」こそが子どもの心を支える大切な関わりなのだと思います。付け加えれば、先生が子どもと一緒に泣いたり笑ったりすることだけでなく、子ども同士で一緒に泣いたり笑ったりする場面を支え見守ってあげることも、とても大切な関わり方だと思います。

→詳細はp.75へ

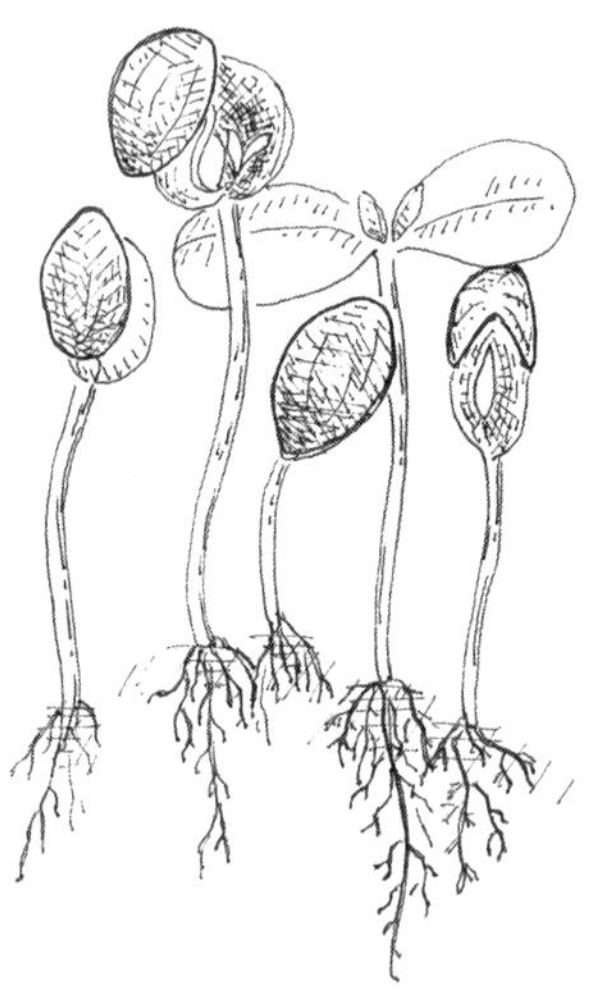

## Q.4

6歳児の父親です。休日にテレビでウクライナ侵攻のニュースを見ていたら、子どもが怖がりました。子どもが起きている時間は見ない方がよいのでしょうか。

## A.4

怖い、辛い、苦しい、厳しい、激しい、そんな場面をわざわざ見ることもありませんが、見てしまった時は「大人も怖いんだ」と伝え、気持ちを共有しましょう。気持ちを共有する「共有体験」を繰り返すことで、心の中心にある「基本的自尊感情」は一枚一枚色とりどりの和紙を糊付けしていくようにして、厚みを増してしっかりと豊かな心に育っていきます。

共有体験では、楽しい、嬉しい、明るい、幸せな気持ちを共有することはとても大切です。アニメを一緒に観て笑ったり、おやつやご飯を食べておいしいねと笑顔になったり、可愛い花を見てにっこりしたりしたときに、子どもの心には赤やピン

クや黄色やオレンジの、明るい色の和紙が糊付けされるに違いありません。

恐ろしい現実を伝えるテレビのニュース番組を観て、怖い、辛い、苦しい気持ちを共有した時には、黒や灰色や濃紺の暗い色の和紙が糊付けされるかもしれません。

基本的自尊感情は、明るい色や暗い色、色とりどりの和紙が交互に糊付けされて、深みのある和紙の束のようになります。つまり、ただ一色の単純な和紙の束ではなく、様々な色の豊かな和紙の束として心が育つのだと思います。

もう一つ付け加えると、怖いニュースは人の興味や関心を呼びます。子どもにとっても、それは同じことです。決して一人で観たりする状況を作らないように注意しましょう。恐怖と興味が一体となって生じた感情を、消化できないまま一人で抱え込んで、不安と混乱の深みにはまっていってしまうかもしれません。観るときは、大人と一緒に並んで観ることが大切です。

→詳細はp.101へ

# 解説

## 1　子どもの自己肯定感を育てる共有体験

### ★恋と愛の違い

第1章で、子どもとの関わりの入り口では子どもと「向き合う」こと、その後、「並ぶ」「寄り添う」関係で同じものを見て、同じものを感じる共有体験を繰り返すことで、二人の人の間に心ができるお話をしました。このときの「向き合う」関係というのは、実は「恋に落ちる」という関係と同じです。

「恋に落ちる」というと、一見美しい言葉に聞こえます。しかし、よくよく考えてみれば、恋に落ちて恋におぼれると大変なことになります。おぼれたら息が苦しくなり、命を失う危険さえあります。実は、恋というのは、恐ろしい経験です。しかし人は、しばしば恋に落ちます。なぜでしょうか。

それは哺乳類としての人間としては、避けられない宿命なのではないか、私はそんなふうに思っています。哺乳類の赤ちゃんは、未熟な状態でこの世に生まれ出ます。一人では到底生きていけません。中でも裸んぼで生まれる人間は、生まれ出た瞬間に、温かい人の手のひらで受け止められなくては、生きていけないのです。

繰り返しになりますが、私は、この生まれ出た瞬間の受け止められる体験こそ、究極の「無条件の愛」の体験だと考えています。男の子でも女の子でも、障がいがあっても病気であっても、無条件に受け止められます。お母さんの体から生まれ出た瞬間の、この手のひらの温かさと柔らかさを赤ちゃんは全身で感じとって、そのことを一生の宝物として心の奥底にしまいます。

この宝物の存在を、子どもも大人も思い出すことはできません。でも思い出せないだけで、決して忘れたわけではありませんし、なくなってしまったわけでもないのです。心の一番奥の大切な場所に、しっかりとしまわれています。その宝物があるから、私たちは辛いことがあっても、苦しくてもなんとか生きようとするのだと思います。でもできれば、その宝物の存在をいつでも思い出したいし、意識したいと思います。そうすれば、もっと日々の生活が楽しく生き生きとしたものになるでしょう。そのためには、どうすればいいのか。その答えは「並ぶ」関係にあります。後で、このことを詳しくお話ししたいと思います。

さて、生まれ出た瞬間は、誰もが手のひらで受け止められたことで何とか切り抜けますが、その後に続く乳児期、幼児期を私たちはどのようにして生き抜いてきたのでしょうか。自分自身の体験は、誰もがほとんど思い出せないことと思います。

以前テレビの番組で、歌手の宇多田ヒカルさんが語っていたのを思い出します。誕生後の最初の3年間がとても大切だと人は言うし、私もそう思っているけれども、そんなに大切な頃の出来事を全く思いだせないのはなぜなのでしょう、宇多田さんはそんなことを言っていました。そして、自分が母親になって我が子を見ていて、ようやく自分もこんなふうに親に面倒を見てもらい、こんなふうに宝物のような時間を過ごしていたのだとわかった、そう言葉を続けていました。

なぜ未熟な乳児が生き抜けるのでしょうか。なぜ宝物のような時間を過ごすことができるのでしょうか。それは、赤ちゃんが可愛いからなのではないか、私はそう考えています。そもそも未熟な状態で生まれる哺乳類の赤ちゃんは、すべからく可愛いという話も聞いたことがあります。猫でも犬でもトラでもヒョウでもゴリラでも、その赤ちゃんは皆可愛いのです。あまりの可愛さに、そばにいる大人たちが面倒を見てくれるのです。可愛い子どもに恋をする、子どもも優しい笑顔の大人に恋をする。二人は恋に落ちるのです。

この体験を、大人になってから再体験することで、新しい人との出会いが始まります。人と人は出会い、見つめ合い、恋に落ちて関係を築いていくのでしょう。しかし恋は、人との関係の始まりであり、身近な他者として関係を作る段階です。その関係は、二人だけの閉じた関係だといってもよいでしょう。周りの世界は関係ないのです。二人だけの世界です。閉じた関係には、発展がありません。同じところにとどまり、しがみ付き合い、やがて深い海の底へと沈んでいってしまうかもしれません。

それに対して、愛は関係を深める段階の人と人の関係です。世界に開かれた関係だといってもよいでしょう。愛を育むとか、愛の関係を深めるというのは、実は大変な作業なのです。時間をかけて、一緒に泣いたり笑ったり、時には辛く苦しい時を共に過ごす中で、一緒に同じ道を歩いて関わりを続けながら、関係を深め強めていくことです。

## ★恋から愛へ

恋に落ちておぼれかけた二人が、苦しくなって我に返って相手の手をふりほどき、もがきながら夢中で海面上に顔を出します。すると、はるか向こうに緑の美しい小島が見えます。二人は互いにうなずきあって、その緑の小島へ向かって並んで泳ぎだします。

こうして二人が並んで泳いでいくこと、つまり愛の関係の中で、二人の心の中で大切なことが始まります。それが共有体験です。一緒に時間を過ごして、同じ方向を見つめて進んでいくとき、同じように感情を共有する体験を通して、自分の感じ方は間違っていないのだ、自分は間違っていないのだ、だから自分はこのままで生きていていいのだと確信を深めていきます。この確信に満ちた思いを、私は基本的自尊感情と呼んでいます。

愛の関係はこのように非常に重要な関係なのですが、そのためにはまず人との関係を作らなくてはなりません。「恋」によって関係を作って、「愛」によって深めるといってもいいでしょう。

## 2 褒めるだけじゃ駄目

### ★自信を持たせる

何かがうまくできた時、「よくできたね」「すごいね」と褒めてあげることで、子どもは自信を持ちます。このことは第1章でも述べましたが、褒められて嬉しいと同時に、自分はできるんだ、自分はすごいんだと、自分の能力に自信を持ちます。こうして高まる感情が、自己有能感でした。

その時、それが誰かの役に立っていて、「お手伝いしてくれて、先生とても助かったわ」などと言われれば、子どもの自己有用感は大いに高まることでしょう。

自己有能感や自己有用感が高まるような経験をすることで、さらには自己効力

感も高められます。自己効力感は、「この前できたから、また次もできるに違いない」という未来志向の感情です。これも、子どもが成長していく過程で、とても大切な感覚です。「またできるだろう」という見通しがもてることで、次の一歩に足を進めることができるし、挑戦することもできるのだと思います。

こうした一連の感情が高められることで、自分はこのまま進んでいっていいのだ、自分の生き方は間違っていないのだと、自分を受け入れる自己肯定感が高められます。こうして、自信を持った元気で前向きな子どもが育っていきます。子育てには、褒めることや、認めること、成功体験を積ませることなどが大切だ、と言われるのはこうした考え方に基づいているのだと思います。

確かに、褒めたり認めたりすることは、大切なことだと思います。しかし、そうして高められた自己肯定感が支えるものは、社会的自尊感情（「すごい自分」）です。それは、周りの友だちと比べれば自分の方ができるんだ、というような相対的な優劣に基づく自信なのです。

## ★大切な命綱

社会的自尊感情（「すごい自分」）が高く自信たっぷりな子どもは、とても無理だと思われるような高く険しい岸壁を登って行く、小さな登山家のようです。大人は、そんな子どもを頼もしく、誇らしく思うことでしょう。でも登山には危険が付き物です。落石があるかもしれません。足を滑らせるかもしれないのです。ですから本物の登山家は、必ずしっかりとした命綱を身につけ、確実に安全を確保しながら上を目指します。

褒めて、認めて、自信を持たせて上を目指している時、子どもは命綱を身につけているでしょうか。思わぬ失敗をするかもしれません。友だちと喧嘩するかもしれません。調子が良く、順調に登っていける時ばかりとは限らないのです。高いところから、滑り落ちてしまうかもしれません。その時、子どもはどうやって自分の身を守ることができるのでしょうか。

自信を持てないでいる子どもに対して、良いところを探したり、できることを見つけてあげたりして、自己有能感や自己有用感を高めようという関わり方が、保育や教育の場でもよく見られます。これ自体は、間違いではないと思います。ただ、これだけでは大切なことが、欠けているように思えるのです。

実は、そこには一つの大きな落とし穴があるのです。「よくできた」から自己有能感が高まり、「役にたった」から自己有用感が高まり、そして「これからもできる」ことで自己効力感が高まるといいました。でも果たして、いつでも「よくでき」たり、「役に立て」たり、ずっと「これからもでき」たりするのでしょうか。現実には、「よくできない」ことや「役に立てない」こともあるし、「次の時はできない」ということも、たくさんあるのではないでしょうか。

そういう、うまくいかない時のことを、周りの大人は前もって考えておかなければならないのだと思います。つまり、岩登りの時の命綱のようなものが必要なのです。子どもの日常のことを考えたときに、「想定外」ということでは、済まされないのです。滑り落ちたり、転んだりすることは、誰にでもありうることだからです。

## ★バランスを忘れずに

そんな「すごい自分」が凹んだ時に子どもの心を支える命綱とはなんでしょうか。それが「ありのままの自分」です。そんな時こそ、基本的自尊感情（「ありのままの自分」）が大切になってくるのです。役に立つからとか、できることがあるからなどに関わらず、ただここにいて良いのだ、生きていて良いのだと無条件に自分自身を受け入れる気持ちです。

『アナと雪の女王』の映画を思い出してください。そこでは、魔法を使える「すごい自分」に有頂天になって妹のアナと遊んでいたエルサが、思わぬ失敗で妹を傷つけてしまいました。自信を失い、打ちのめされ、どん底に転げ落ちてしまったエルサでしたが、やがて「ありのままの自分」を受け入れることで、自信を取り戻していきます。「すごい自分」と「ありのままの自分」の両方が必要なのだと思います。「自己有用感」や「自己有能感」、「自己効力感」に頼って、「すごい自分」をいくら膨らませても、誰でも失敗したり転げ落ちたりすることがあるからです。

「子どもと向き合うことが大切です」とか「しっかりと向き合いましょう」などといわれるのも、確かに大切な子どもとの関わり方です。これらの掛け声は、「すごい自分」に働きかける行為の大切さを言っているのです。

「すごい自分」を育てるには、子どもと向き合うことが大切です。向き合って目を合わせて、「すごいね」「がんばったね」「よくできたね」と褒めてあげれば「すごい自分」が膨らみます。逆に、目を見て「駄目でしょ」「いけない子ね」などと叱れば、「すごい自分」は一気に凹みます。子どもを元気にしたり、しょぼんとさせたりすることができる関わり方、それが「向き合う」ということなのです。

こうした関わり方で、子どもは一喜一憂します。ちょっと言葉がきついかもしれませんが、子どもを自由自在に操れる方法だとも言えます。子どもと関わっているという実感が持てる関わり方だとも言えます。アメとムチという言い方がありす。それは、この「向き合う関係」でのことを言っています。

先ほどの二者の関係でいうと「恋」の関係です。二人は、二人だけの閉じた世界にいます。子どもにとって、相手の言葉がすべてです。だから自由自在に操れるのです。

子どもを自由に操作できるのですから、子どもとの関わり方は、これですべて大丈夫という思い込みが生まれてしまいがちです。でも、褒めたり認めたりすることは子どもの心の中心にある「すごい自分」に働きかけているだけなのです。「ありのままの自分」は、大丈夫でしょうか。

「ありのままの自分」をどう育むのか、それは共有体験でした。このことは、この本で何度か触れてきました。身近な信頼できる人と、同じように感じて、気持ちを共有して糊の染み込んだ和紙を積み重ねていくような経験です。

このことは、何度繰り返しても足りないように思うのです。若いお母さんやお父さんとお話をすると、その必要性を強く感じます。

# 3 基本的信頼と無条件の愛

## ★三つの要素

自己有能感や自己有用感、自己効力感、自己肯定感など、保育や教育の場でよく耳にする言葉に焦点を当てながら、基本的自尊感情と社会的自尊感情の意味を考えてみました。改めて、それらの関係を図示すると、図のようになります。

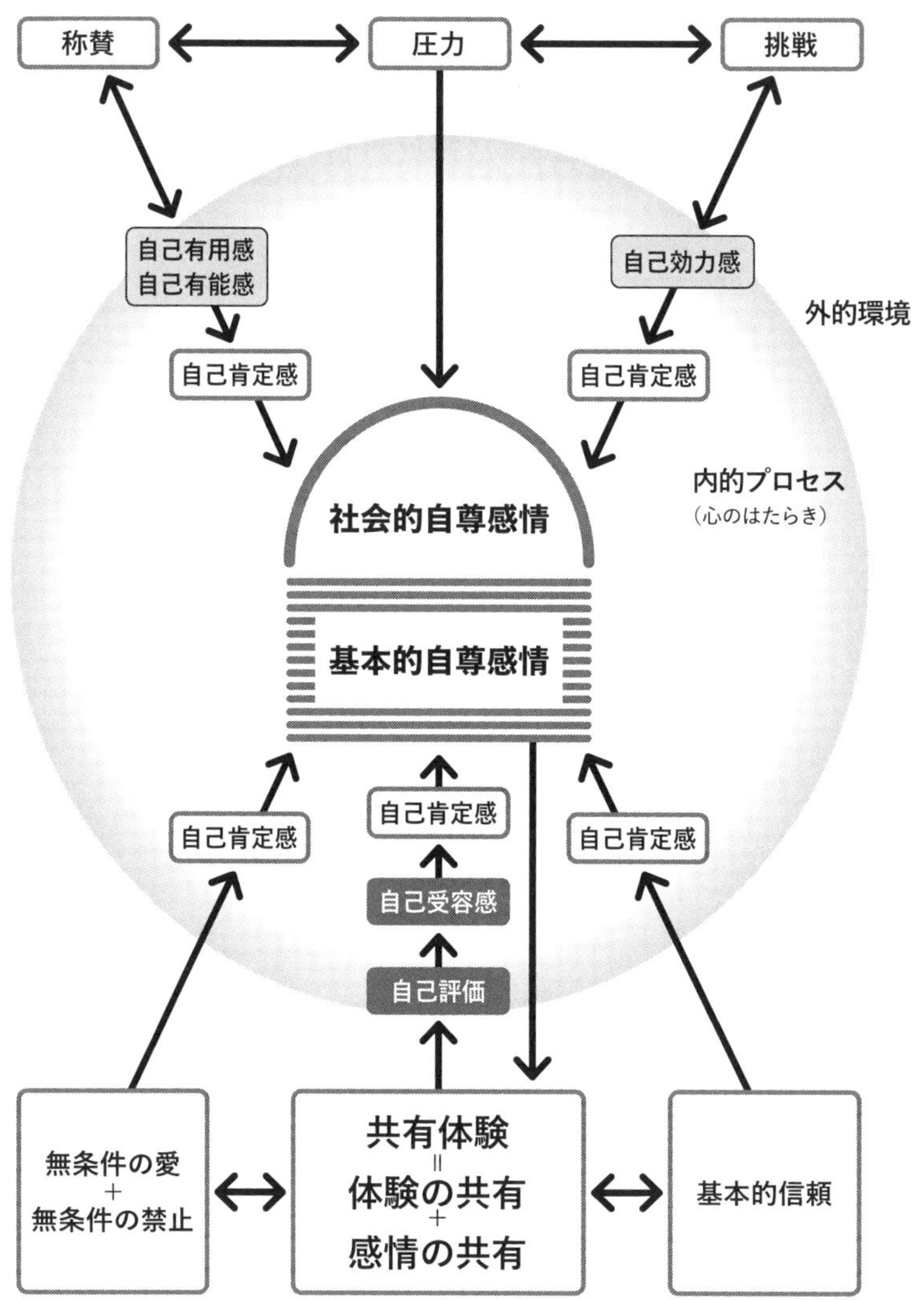

「外的環境」というのは、周囲の人たちとの関わりを示しています。「内的プロセス」には、心の中の様々な感情や認知の働きが含まれると考えます。

図の一番下の部分をご覧ください。注目して頂きたいのは、自尊感情を底辺で支える三つの要素です。もちろん、その中心となるのは、共有体験です。このことは、これまでにもたびたび触れてきました。ここで注目したいのは、その両側にある二つの要素です。

## ★基本的信頼

エリクソンという心理学者は、生涯を八つの時期に分けて考え、それぞれの段階での発達課題を示しました。その一番最初の段階、つまり乳児期の発達課題が基本的信頼の獲得です。発達心理学の教科書には必ず書いてあることです。

ちなみに、私がロンドン大学に留学していた30年ほど前のある日、所属していた精神医学教室の教授とランチをしていて、エリクソンの話題になったことがありました。たまたまその日の新聞でエリクソンの死亡記事を読み、私がその話をいたしました。すると教授は、まだご存命だったのですねと、医学生の頃に教科書で学んだことを述懐しながら、感慨深げでした。エリクソンといえば、歴史上の人物のように思われる方もおられるでしょうが、亡くなられたのは、ほんの四半世紀ほど前の１９９４年5月のことだったのです。

それはともかく、基本的信頼の獲得は、乳児期の大切な発達課題です。それは、「向き合う関係」によって確立します。保護者や保護者に代わる養育者と、向き合い見つめ合う親密な関係を通して、生きていることを実感するのです。安心して、いつでも安定した見つめ合いが続くことで、この人は信頼できる、この世界は信頼できるという、基本的信頼感が獲得されるのだと思います。

基本的信頼感はこうして、身近な信頼できる大人との閉じた関係で確立します。そしてだからこそ次の段階で、信頼できるその人と並んで、広い世界を一緒に見つめることができるようになるのでしょう。それが共同注視であり、共有体験の始まりなのでした。共同注視とは、一緒にいる誰かが「可愛いタンポポね」と指差すと、乳児がそれを見る行為です。生後６ヶ月頃から、次第にできるようになることがわかっています。

## ★無条件の愛と禁止

愛と禁止はセットになっています。例えば、カウンセリングは「時間と場所が限定」されている関わりです。つまり、それ以外の時間や場所で会うことは、禁止されています。カウンセリングは、言葉だけという条件付きの愛の表現なのですが、

その時間、その場所だけの限定的なものです。つまり「言葉だけの愛」に見合う「ここだけの関係」という禁止条項とセットになっているので、その言葉には力が宿ります。このように、愛と禁止のバランスが大切なのだと思います。

## ★親に愛されていても実感できない

無条件の愛とはなんでしょうか。なんの条件もない、説明できない、とにかく愛しているとしか言えない、それが無条件の愛だと思います。例えば親が子どもを愛する気持ちは、説明抜きの無条件のものなのだと思います。子どもから、「なんで僕を大切だと思うの」とか「どうして愛しているの」と聞かれても、説明のしようがありません。無条件の愛だからです。

ただ、いくら「愛」が示されても、「禁止」がなければ、愛のメッセージは子どもには伝わらず、実感できません。例えば、何でも買い与え、何でも許すといった態度で、子どもは親に愛されていると思えるでしょうか。むしろ、欲しがるものを与えておきさえすればいいという態度に、子どもたちは親に無視され、拒否されているとさえ感じ取るかもしれません。禁止のない一方通行の愛は、子どもたちを愛に飢えさせ、かえって孤独にします。

ですから、無条件の愛が伝わるためには、それに見合うだけの禁止、つまり無条件の禁止が必要です。では、無条件の禁止とはなんでしょうか。

無条件とは、条件がないということです。「～だから駄目」とか「～なら良い」というような、条件や説明がつかないことです。つまり無条件の禁止とは、説明抜きに駄目だということです。無条件の禁止とは、大人の決めたルールにがんじがらめにすることではありません。「～だから駄目」という、条件付きの禁止ではないのです。

いつも小言を言っていると、子どもにはどれが本当に大事な禁止事項なのか、その判断がつかなくなります。私がここで強調したい禁止とは、駄目なものは駄目と、きっちり子どもに伝える絶対的な禁止のことです。

究極的な禁止は、人を殺してはいけないということです。条件がつけば殺して良い、ということではありません。無条件に駄目なのです。

子どもに、なぜ人を殺してはいけないのかと問われて、大人が回答に窮したという話がありました。けれども、それは説明することではないのです。説明抜きに、無条件に駄目なのです。駄目なものは駄目、ならぬものはならぬのです。

では、誰がこのことを子どもに伝えられるでしょうか。それは、子どもを無条件に愛している人だけにしかできないことです。親は子どもを無条件に愛しています。だから、親が無条件に禁止しなければなりません。

親はそのことを声を大にして、感情的に、怒りを込めて、圧倒的な強さで子どもに伝えなければなりません。「何と言っても、駄目なものは駄目」と絶対的な禁止を伝えることができたなら、「理由も理屈もなく、お父さん（お母さん）は、あなたを愛している」というメッセージが子どもに届くのです。無条件の愛は、無条件の禁止とセットになっているからです。逆に言えば、無条件の禁止を伝えることができた時、初めて無条件の愛も伝わるということだと思います。

自分が親から愛されていることを、心から実感できている子どもは自信に満ちあふれています。親の愛を実感として受け止められない子どもは、どこか自信がなく、生命力に乏しくなります。

## ★地道な積み重ねの日々

第1章で述べたように、基本的自尊感情を育むためには、共有体験の繰り返しが必要です。少しずつ薄い和紙を糊付けしていくような、地道な日々の積み重ねによる関わりです。しっかりと糊付けした和紙が、十分な厚さに成長するまでには、とても長い月日が必要です。

また、すべての人は、お母さんの胎内からこの世界に出てきた瞬間に、無条件の愛を明確に感じ取った体験をしていて、その無条件の愛を心の一番奥底に宝物として持っていると書きました。この世に生まれ出た一番最初の時期に形成される、基本的信頼と無条件の愛が、心の基礎の部分を両側から支えてくれているから、基本的自尊感情がしっかりと育まれるまでの地道で気の遠くなるような時間を、子どもは安心して過ごしていくことができるのだと思います。

そして、日々の何気ない幼児との関わりで、子どもが宝物を感じる瞬間を作り出すことが、周りの大人に求められています。どうすれば「あの手のひら」の感触を、子どもたちは思い出すことができるのでしょう。具体的な例を見てみましょう。

## ★一緒にいて、五感で感じること

年長組のまことくんが、お母さんに話しかけます。

「お母さん、聞いて」

「なあに」

「あのね、きょうね」

「きょう、なにかあったの？」

「うん、あったんだ」

二人が「なにか」について話していることがわかります。「なにか」がなんなのか、気になりますね。でも、まことくんにとって、「なにか」はなんでもいいのです。

つまり、「なにか」を伝えようとしてやりとりをしているようですが、実はお母さんに聞いてもらうことそれ自体が大切なのだと思います。極端な言い方をすれば、中身はどうでもいいのです。中身のないやりとりでも、構わないのです。

やりとりが、続きます。

「そうなんだ、なにかあったのね」

「うん、そう」

「よかったね」

「うん、よかった」

嬉しそうに笑顔で話すまことくんと、笑顔で答えるお母さんの様子が目に浮かびます。まことくんにとって、二人のやりとりは、もう十分だと思います。

あとは、おまけです。

「なにがあったのか、お母さんも知りたいな」

「知りたい？」

「うん、教えてくれる」

「あのね、それはね……」

きっと、楽しいできごとが語られることでしょう。

このやりとりを振り返ってみると、まことくんにとっては、関わることそれ自体が大切なのですが、お母さんにとっては、その中身の「なにか」が、つまりおまけが大切なのだということがわかります。

このことから、子どもと大人のやりとり、親子のやりとりでは、往々にしてすれ違いが生まれます。子どもにとっては、話を聞いてくれること、振り向いてくれること、抱きしめてくれることが大切です。大人にとっては、話の中身が大切で、どうでもいい内容なら振り向かないかもしれません。

ここで二人は、言葉のやりとり（聴覚）をしているだけではなくて、お互いの笑顔を見つめ合って（視覚）います。そして、たぶんこのあと、まことくんはお母さんにギュッと抱きしめられる（触覚）でしょうし、抱きしめられた時には、お母さんの匂いがまことくんを包み込んで（嗅覚）くれるでしょう。お母さんの頬に口づけをする（味覚）かもしれません。

親子のやりとりは、このように五感が互いに絡み合って、五感が総動員されて行われるのです。同じ花を見て、綺麗だなと五感で感じることが、何よりも大切なのです。特に、味覚や触覚や嗅覚といった、近くにいなければ伝わらない感覚が大切です。

## ★一緒にいること

2020年から3年間も続いた新型コロナウイルス感染症は、法的な扱いが変わったとはいえ、まだまだ安心できる状況ではありません。そのコロナが猛威を振るっていた頃のことです。外で働くお父さんがウイルスを持ち込むかもしれないと心配して、同じ家の中にいる女の子と、スマホの画面越しにやりとりしている様子を、テレビが報じていました。そして、二人はとても寂しく悲しそうでした。

スマホで、声と表情はわかります。でも、手ざわりや匂いまでは伝えられません。女の子は抱きしめられたいのです。お父さんは抱きしめたいのです。

五感の中でも、嗅覚や触覚そして味覚は、聴覚や視覚よりも深く大切な働きを持っています。生まれたばかりの赤ちゃんは、味覚でこの世界と出会います。口から栄養を取り入れるからです。そして、お母さんの体の手触りや匂いを感じながら、成長していきます。

聴覚や視覚は、成長してずっと大きくなってから重要になってくる感覚です。だから、大人は見た目で人を判断したりします。生まれたばかりの頃に、特に大切な働きをするのは味覚や触覚です。その味覚や触覚や嗅覚が使えないやりとりは、まさに無味乾燥なものになってしまいます。

五感を通して関わり合うような、人と人の深いやりとりは、子どもの成長にとってとても大切なものです。そのことを通して、人を信頼し、この世界を良いものとして受け入れる、一番の基礎を作るからです。もちろん良いものばかりではありません。だから、良いものと悪いものを区別することのできる感覚、それを養うためにも五感を通した関わりが大切なのです。とにかく、そこに一緒にいることは大切で素敵なことだと思います。

## ★心の中のこと

画面越しのやりとりで伝わるものは情報です。情報を共有したり、物事の判断をするための理性的な議論には、顔が見えて声が聞こえれば十分かもしれません。頭の中のことは、これで大丈夫です。

でも、親子のやりとりで大切なものは、情報ではなくて情緒です。頭の中のことではなくて、心の中のことです。

喜びや、嬉しさや、悲しさや、辛さなどを子どもは親にわかってほしいのです。それらは、情報ではありません。顔が見えて声が聞こえても、それでは情緒は十分に伝わらないのです。

大人は、言葉をたくみに使って、自分の心の内（情緒）を表現して伝えようとするかもしれません。でも、子どもは違います。言葉（つまり聴覚や視覚）ではなく、体で（つまり味覚、触覚、嗅覚で）伝えることしかできませんし、体で受け取ることしかできないのです。

## 4　子どもとの共有体験

### ★保育の場で

本や音楽を、誰かと二人で読んだり鑑賞したりすれば、それは確かな共有体験になるでしょう。保育の場で、絵本の読み聞かせに目を輝かせている子どもたちを、思い浮かべてみてください。

一人の子が声をあげて笑いました。おもしろいなと感じていたけれども、おとなしく聞いていただけの子も、「ああ、僕だけじゃなかったんだ。隣の友だちも面白いと思っていたんだ」と安心し、思わずクスッとするかもしれません。一枚の和紙が心の中に糊付けられた瞬間です。その反応を、声をあげて笑った子どもも感じ取ることでしょう。そして、もう一度笑い声をあげるかもしれません。

二人の子どもは、こうして同じように感情を共有し、その思いをそれぞれが分かち合って持ち帰るのです。そうして豊かな心が育まれていくのです。

## ★知ることと感じること

第1章で、幼い子どもがお母さんと一緒にタンポポの花の名前を覚え、それが可愛いと感じたというお話をしました。

この時、二人の間に生まれる「心」とはなんでしょう。「心」とは、嬉しい、楽しい、悲しい、寂しいなどの感情の働きだけをいうのでしょうか。

細かいことをいうようですが、ここは大切なところです。

「覚える」と「感じる」は、知・情・意という心の働きのうちの「知」と「情」です。何かを体験し、そのことを知り、何かを感じること、それがまず大切なことです。

様々な体験をして、見たり聞いたりすることで、たくさんの知識を得ることができます。そうした様々な体験を誰かと共にする時に、感情を共有して、豊かな心が育っていきます。そうした「知」と「情」を繰り返して、少しずつ心が満たされていくことが大切です。やがて、ある段階に達した時に、何かをきっかけにして、「意」、つまり意志の働きが生まれます。あたかも、スイッチが入るかのように、「意」が起動するのです。

例えば、タンポポの花の名前を覚え、可愛いと感じる体験をした、あの子は、次にまたタンポポの花を見た時に、「ああ、タンポポの花だ、可愛いなあ」という思いが湧いてくるでしょう。そんな経験を何度かしているうちに、可愛いタンポポの花を手に取ってみたい、手に取った花を持って帰りたい、家のテーブルの上に飾って、いつも見ていたい、そんな気持ちが生まれるかもしれないのです。

成長するうちに、タンポポ以外にもたくさんの花の名前を覚えて、そんな花に囲まれて過ごしたい、お庭に花を植えて育てたい、いつもテーブルの上の花瓶には季節の花を飾りたい、そんな豊かな心が育つかもしれないのです。

つまり、何かをしたい、こうありたいといった意志の働きは、まず知ることと感じることがなければ生まれないのです。

## ★熱い心と冷めた頭

知ったり考えたりするのは頭かもしれません。感じるのは胸なのでしょう。保育や福祉などの分野で対人援助の仕事をする者にとっては、「熱い心と、冷めた頭」(warm hearts, cool heads)が必要だと言われたりします。人を思い共感する熱い心は胸で感じ、知識と経験に裏付けられた冷静な判断は頭でする必要がある、そうい

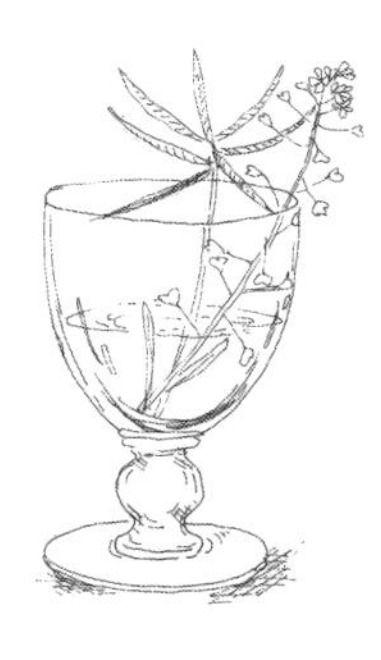

う意味だと思います。

さらに大切なのは、「感じ」「判断」したあとの行動です。行動を起こすのは、意志の力です。意志は、「知」と「情」の両方の働きがそろった時に、初めて生まれるのです。つまり、人が行動する時には、胸と頭の両方が働いているのだと思うのです。

つい先日、大学の授業で学生に模擬授業をしてもらいました。グループで相談して、授業案を考えて、他の学生を子ども役にして授業をするのです。今回は、小学校での授業という設定でした。

一つのグループは、絵本『おおきな木』（シェル・シルヴァスタイン著、篠崎書林）の読み聞かせによる模擬授業をしました。私自身も、その授業を子どもになったつもりで受けました。経験豊富なプロの教師ではありません。よちよち歩きの大学生による授業です。

しかし、なんということでしょう。彼女たちの読み聞かせを聞きながら、私は思わず目頭が熱くなるのをおぼえました。いのちの意味やつながりをなんとか伝えたいという熱い思いと、授業案を計画通りに進めていこうという冷めた頭が、がっちりと組み合わさって、私の心にしっかりと伝わってきたのです。

## ★危険な恋

心を育むためには共有体験が大事です。では、ゲームやアニメでも、心は豊かに育つのでしょうか。

スマホのゲームに夢中な子どもがいます。テレビのアニメに夢中な子どももいます。その子らは、スマホやテレビと向き合って、恋をしているのです。恋に落ちて、恋におぼれているのです。非常に危険な状態です。人との恋であれば、やがて二人は我に返って、二人で同じ方向を向いて、あの緑の小島に向かって並んで泳ぎながら時間を共にして、並ぶ関係で愛を深めていくことになります。

しかし、スマホやテレビは人ではありません。いつまでも見つめ合う恋の関係のままでしかいられないのです。スマホやテレビは、子どもに飽きられたり嫌われたりしないように、魅力を振りまきます。一緒に並んで時間を過ごしながら、二人して成長していくことはできないのです。だから、スマホやテレビは危険なのだと思います。子どもたちはそれらの道具のとりこになっています。

ゲームやアニメの中身(コンテンツ)にも、子どもの心の発達に悪い影響を与えたり、様々な意味で危険なものもあると思います。しかし、ここで言いたいのは、そうした中身のことではありません。ゲームやアニメとの恋に落ちた子どもが、恋におぼれて前に進めなくなることの怖さを指摘したいのです。

前に進めないということは、言い換えれば人としての心が成長していかないということです。子どもにとって、これほどに恐ろしく危険な状況があるでしょうか。人の心は、共有体験を通して豊かに育っていきます。嬉しさや悲しさ、苦しさや切なさ、辛さや喜びなどのあらゆる感情を、他者との共有体験を通して、子どもたちは獲得していきます。

恋の関係だけにとどまっていると、豊かな心を育むこともできず、人との関係の取り方もわからないまま、時だけが過ぎていくのです。体は成長し、時は過ぎていくけれども、心は未熟なままです。この恋を愛に変えるには、誰か人の力がどうしても必要なのです。大人が共有体験の相手として横に並んでくれることで、子どもは前に進めます。

# 5 子どもにどのように接し、どのように育てるか

## ★限定的に肯定し、限定的に否定する

なぜ子どもとの共有体験を繰り返すことが必要かというと、自己肯定感がしっかり育てられるからです。自己肯定感がしっかりした子どもは、打たれ強く、心の回復力が十分に強いのです。

共有体験を持ったあとなら、子どもは素直に言うことを聞きます。子どもの性格や言動に関しては、全否定は避けるべきです。逆に、全肯定するのも問題です。真面目で頭がよくて、素直でいい子の自分しか親は受け入れてくれないといった、思い込みと不安を子どもに与えてしまうからです。長所も欠点も丸ごと親や身近な大人が受け入れてくれているという安心感が、子どもの自尊感情や自己を肯定する気持ちを育んでいくのです。

## ★ゆがんだ自尊感情

自己肯定感は、社会的自尊感情（すごい自分）と基本的自尊感情（ありのままの自分）の二つからなる自尊感情を支える非常に大切な感覚でした（p.76）。この二つをバランスよく育てることが大切だということにも触れました。もし「すごい自分」ばかりが育ってしまったら、どうなるのでしょうか。

最近「オレ様化」する若者たちが増えていると言われます。〈自分以外はみんなバカに見える〉という特徴があって、プライドだけは異常に高く、自分は何かを成し遂げる才能があり、ほかの奴らとは出来が違うのだと本気で思い込んでいるようです。わがままで、協調性がなく、自分に甘く、他人に厳しいのですが、こつこつと努力することが苦手で、努力せずに成果だけを欲しがる。きわめて自己中心的な性格です。

子どもの良いところを褒めてあげる、自信がつくようにちゃんと評価を与えるなどの関わりで、確かに子どもの社会的自尊感情は満たされます。しかし、そればかりやっていると、子どもはプラスの評価ばかりを欲しがるようになり、それをもらえないと不満に感じるようになります。社会的自尊感情を養うことばかりに親や教育者が注目して、基本的な自尊感情が希薄になっていることが問題です。

社会的自尊感情は、自分への根源的な信頼感のうえに乗ってこそ、ゆがんだ形にならずバランスよく身についてきます。親たちに甘やかされ、期待された子どもたちは、プラスの評価さえ勝ち取れば親が喜ぶと思い込みます。彼らは子どもの時から、結果を出すことを親や教師に求められ、「勝ち組にならなければ生きている価値はない」というメッセージを与えられ続け、その結果、社会的な自尊心ばかりが肥大し、うぬぼれが強く、努力もせずに結果だけを欲しがるようになってしまうのです。

## ★基本的自尊感情が希薄だったら？

社会的自尊感情ばかりではなく、基本的自尊感情も豊かに育っていて、人も同じように痛みを感じるんだとわかっている子どもは、むやみに人を傷つけたりはしないものです。基本的自尊感情が低い子どもや若者たちには、想像力が足りないのだと思います。なぜかといえば、他者と思いを共有する体験が不足しているからです。いや、足りないというよりも、自分のことに精一杯で、人のことまで思いやる余裕がないのかもしれません。

彼らはどこか生きている実感に乏しく、不安で、いつも満たされた感じがしないのかもしれません。いじめ行為がどんどん加速するのも、自分への不全感やイライラが充満し、こんなことをしたら相手がどれほど傷つき、痛みを感じるかという想像力がまったく働かないからでしょう。

では、どうすればよいのか。第1章でもお話ししたように、共有体験の繰り返しで、別の紙を積み重ねて補強するのです。基本的自尊感情を育むために和紙を貼る行為というのは、いろんな体験や思いを積み重ねていくことです。地道に一枚一枚、和紙を糊付けして時間をかけて基本的自尊感情を強く育てていくのです。

## 6 不安なできごとを目にした時は

### ★不安の蔓延

この原稿を書いている、2022年7月下旬のことでした。14年前に秋葉原で起きた無差別殺傷事件の犯人に死刑が執行されたという報道がありました。事件は衝撃的で残虐なものでした。犯人は決して許させるものではありません。しかし、そのこととは別に、法の名の下に人が殺されるというそのことが、一層人間の業の

深さと悲しさを感じさせます。

死刑執行のあった日は、6年前に神奈川県相模原市の障害者施設で19人が殺された事件が起こった日でもありました。立て続けに悲惨で凄惨な事件に関する報道に接して、胸の苦しさを感じたのは、私だけではなかったのではないでしょうか。

ウクライナでの戦闘は収まる気配がありませんし、感染症の広がりも心配でなりません。新型コロナウイルスによる感染が幼児にまで広がっている上に、新たなサル痘という感染症も心配です。

この年の同じく7月には、首相を長期に亘ってつとめた政治家が、衆人環視の場で銃撃され殺されるという衝撃的な事件もありました。政治家の暗殺では、私自身が子どもの頃に、著名な政党の党首が演説中に若者に刺殺されるという事件がありました。刃物を腰のあたりに構えて、体当たりして行くその時の映像は、今でも私の脳裏にしっかりと焼き付いています。

今から50年以上前の時代とは、子どもを取り巻く環境はずいぶん変わっています。様々な事件や事故が、鮮明な画像と音声で伝えられ、あたかもその場で直接経験しているような疑似体験になっているのだと思います。おそらく、子どもたちは今世界中で起こっている様々な事象から、多くの不安と恐怖を感じているでしょうし、そのことを生涯忘れることもないでしょう。

こうして身の回りで心配の種が尽きない中で、大人の私たちが不安を感じている

ことが、子どもたちの心をさらに不安定にしているのではないかと気にかかります。

## ★向き合う関係が大切な時

こういう時こそ、子どもと向き合うことが大切です。大人が子どもとしっかりと向き合い、二人だけの閉じた時間と空間を作り出すのです。私はあなたのことだけを見ている。あなたも私だけを見てほしい、そう伝えるのです。

不安を感じさせるテレビ報道などを目にしてしまった時、子どもにどう接するか。ポイントが四つあります。

第一に、子どもはテレビに釘付けになります。子どもは人のいのちにかかわることに本能的に反応するからです。親はこれを理解する必要があります。あわててスイッチを切って、事実を隠そうとすれば、受けた衝撃が心の底にいつまでもそのままの形で残像として残ってしまいます。

第二に、親も当然ながらいのちに関わる出来事の重大さを本能的に感じ取っています。子どもはこうした大人の感覚を肌で感じ取り、自分の感受性として取り込んでいきます。

第三のポイントは、一緒に見たことで親子で五感を通して共有することです。息を呑んで、無言でテレビに釘付けになっている子どもと親は、互いの緊張感や不安感を肌で感じるはずです。その時の、その感情を互いに感じることが大切です。それはつまり共有体験そのものだからです。

そして第四の、いちばん大切なポイントは、親自身が感じたことをわが子の手をギュッと握り、しっかりと伝える点にあります。その時には、向き合って互いの目を見て、言葉でしっかりと思いを伝えるのです。二人が思いを共有した大切な瞬間が、言葉によってしっかりと心に刻印づけられ、その時のことが大きな意味を持ちます。

このように、親が感じた衝撃や、悲しさ、いのちの大切さへの思いが、子どもに伝わることが重要です。母親も自分と同じように感じているのだと、思いを共有できた時に、子どもは自分はひとりぼっちではないと安心し、不安を「棚上げ」することができます。この「棚上げ」を何度も繰り返すことによって、子どもの自尊感情が、しっかりと固まっていくのです。

周りの世界には、見たくないものや見せたくないものが溢れています。子どもは、まだそんな汚れた世界を見なくても良いのです。だからこそ、二人だけの閉じた場が大切なのです。

それでも周りが見えてしまったり、周りのことが気になってしまったりすることがあるかもしれません。そんな時は、今述べたように二人で一緒に見ることが大切です。そして二人で恐怖や不安を共有します。そのあと、子どもをぎゅっと抱きしめて、また二人だけの世界に閉じこもるのです。

こうすることで、外の怖い世界の存在を知りつつも、自分は守られている、大丈夫だという実感を持てるのだと思います。身近な大人が、子どもの心の防波堤になるのです。

子どもを守るというのは、こういうことだと思います。大人も怖いのです。大人だって不安なのです。そうした気持ちを子どもと共有しつつも、それにもかかわらず子どもと向き合い抱きしめるということが、大人がするべきことなのでしょう。

## ★幼児期の共有体験

家庭では、一緒にごはんやおやつを食べること。一緒にテレビでアニメを見ること。絵本や物語の読み聞かせをしてもらうこと。近所のお店に買い物に行ったり、散歩したりすること。そして、夜寝床では、時には添い寝をしてもらうこと。そんな、何気ないできごとが、とても大切な共有体験になるのです。

短い時間でもいいのです。そんな時間を共有すれば、必ず1枚の和紙が心の底に糊付けされます。1枚また1枚という毎日の繰り返しで、いつの間にか子どもの心は分厚い和紙の束が糊付けされて、しっかりと基本的自尊感情を支えてくれるようになります。

でも残念ながら、現実の家庭生活では、こうした何気ない時間がどうしても持てないという現実もあるかもしれません。そんな現状においては、保育園や幼稚園で、お友だち同士や先生と一緒に遊ぶことや、先生の絵本の読み聞かせなどは、家庭での共有体験の不足を補ってくれる、とても大切なものになっていると思います。

保育園や幼稚園で過ごす時間が、子どもたちにとって今ほど大切だったことは、これまでなかったのではないかと私は思っています。

# エッセイ

## 心が傷ついた時

### ◆今泣いたカラス

ある日、街を歩いていると、この世の終わりとでもいうような、子どもの泣き声が聞こえてきました。思わず、振り返って見てみると、父親に抱かれた3歳くらいの男の子が、身をよじって泣き叫んでいます。やがて父親は諦めたように、子どもを地面に下ろしました。すると子どもは、一緒にいた母親に抱っこをせがんで、母親に抱かれました。途端に、別人になったかのように、子どもは満面の笑みでニコニコと笑顔です。

今泣いたカラスがもう笑う、ですね。辞典には、「泣いたと思うとすぐ笑う。子どもなどの喜怒哀楽の変わりやすいことを言う」(『広辞苑〈第五版〉』)と説明されています。日常茶飯のように、こうしたことが繰り返されて、子ども時代は過ぎていくのでしょう。

でも、小学生や中学生、高校生になってから、この世の終わりというほど泣き叫ぶような体験があったとしたらどうでしょう。幼児期と同じように、「今泣いたカラス」というわけにはいかないのではないでしょうか。きっとそこでは、この世の終わりと感じられるほどの、まさに心に傷がつくような、辛く悲しい体験があったに違いないからです。

## ◆心が傷つく

幼児期を過ぎて、成長してからの悲しく辛い体験では、簡単に「もう笑う」とはなれません。笑顔が戻るのには、長い時間が必要なのに違いありません。そもそも、笑顔が戻ること自体が、それほど簡単な事ではないと思います。また、笑顔が戻ってからも、ふとした瞬間に「あの時」のことが思い出されて、辛さと悲しさが戻ってくるかもしれません。傷は心に何年も残り続け、いつまでも消えることはないのかもしれないのです。深い心の傷は、永遠に消えないかもしれません。

私自身、60年以上前のある日のことが忘れられません。小学校の校舎の階段の踊り場での体験が、いまだに時折思い出されるのです。教室から連れ出されて、同級生にゲンコツで顔を何度も何度も殴られたのです。ほっぺたが大きく紫色に腫れ上がり、何日もの間そのままで元に戻りませんでした。

本当に痛かったし、辛く悲しい体験でした。その時のことを思い出すと、今でも悔しさと悲しさが胸の底から湧き上がってきて、いたたまれない思いがします。地団駄を踏みたい思いです。

でも、もちろん、いつもそのことを考えている訳ではありません。普段は、そんなことを思い浮かべることはありません。でも、決して忘れた訳ではないのです。そのことだけではなく、心が傷つくようなたくさんの経験を含めて、今の私があるのだと思います。

人は、幼い子ども時代だけでなく、もっと大きくなってからも、そして大人になってからも、たくさんの辛く悲しい経験をするかもしれません。事故や災害に巻き込まれたり、病気や怪我をするかもしれません。さらには、誰かと争ったり、裏切られたり、逆に裏切ったりして、心に大きく深い傷がつくようなことだってあるかもしれないのです。

## ◆辛く長い日々

「艱難辛苦(かんなんしんく) 汝(なんじ)を玉(たま)にす」という、古い言葉があります。辞典には「人は多くの艱難を乗り越えてこそ立派な人物になる」(『広辞苑〈第五版〉』)と説明されています。

「艱難」とは、「困難に出会って苦しみなやむ」という意味です。でも人は、困難に出会うから立派な人物になるのではないのだと思います。ここで重要なのは、「苦しみなやむ」という点だと思います。

困難なことなどには、出会わないほうが良いに決まっています。でも、仕方のない状況で、出会ってしまうことがあるかもしれません。そんな時に、「苦しみなやむ」ことがあって、その後があるのですね。

しかし、何度でも繰り返しますが、辛いことや悲しいことなどと出会わないに越したことはありません。「若い時の苦労は買ってでもせよ」という言葉を耳にしたことがあります。でも、その「若い時の苦労」と「艱難辛苦」は別次元のことだと思います。

現代の精神医学では、「苦しみなやむ」時期をPTSD（心的外傷後ストレス障害）という疾病概念で説明しています。辛い体験が再体験されているように感じられたり、落ち着いていられなかったり、眠りが浅くなったり、苦しい夢を見たりするかもしれません。

また、辛い体験に関係するような場所や場面、出来事や人などを避けるようになったりすることがあります。そして、自分自身を責めたり、他者を信じられなくなったりもします。こうしたことが続いて、学校や仕事などの社会生活に支障が出たりします。もがき苦しみ悩む時間が、長く長く続くかもしれないのです。

### ◈傷は残るけれど

辛い体験をしても、それが「汝を玉にす」と言いますが、どうすればそんなことが起こるのでしょう。傷ついても、いつの日にか花は咲くと歌われています。

どうすればそうなるのでしょうか。

私の左手の人差し指の付け根には、長さ1センチほどの古い傷痕があります。中学生の頃に、年賀状の版画を彫っている時に、手が滑って版木を押さえていた左手に、彫刻刀が刺さった時の傷痕です。とても痛かったのを覚えています。骨に達するほどの深い傷だったのでしょう。傷痕は、60年近くたった今でも、はっきりと残っています。

深く心についた傷も、消え去ることはないのかもしれません。傷を抱えたまま、嘆き苦しみながらも、身近な人たちに支えられ共に時間を過ごし、一歩一歩、一日一日を過ごしていくことが、生きるということなのかもしれません。

傷は消えないけれども、生きていく時に、その傷痕はどんな意味を持つのでしょうか。私は、その傷痕が人生をより深みのあるもの、味のあるものにしてくれる可能性があると考えています。そうした心の成長のことを、心的外傷後成長（PTG）と言います。

割れたり欠けてしまった陶器を補修する技法として、金継ぎという方法があります。割れた部分を漆で接着して、表面を金粉で仕上げる古くから伝わる技法です。傷ついた心を、心の金継ぎによって手当てをするのです。心がそれまでよりも深みと輝きを増して、傷つく前よりも魅力的なものに変わることもあるのではないかと思っています（近藤卓著『PTGと心の健康』金子書房、2022）。

いずれにしても、傷ついた後の日々を続けていく時に、一番底のところで心を支えているのが、基本的自尊感情（ありのままの自分）なのだと思います。乳幼児期からの、身近な人との日々の共有体験の小さな積み重ねで、薄い和紙を糊付けして貼り合わせてきた、その「ありのままの自分」が、辛く苦しい日々をなんとか支えてくれるのだと思います。

まだ「今泣いたカラス」だった頃の、あの幼い日々の共有体験こそが、成長してからの艱難辛苦の日々を生き抜いていく時の、大切な支えになるのだと思います。

（初出：『げんき』179号、2020年5月）

エッセイ

# 子どもの幸福感はどこから

## ◆犬と近所付き合い

私はこれまで、30回以上の引っ越しを経験してきました。生まれて1歳にならないうちに、すでに一度引っ越していたそうです。戦後の混乱の中で、東京都内では住宅が不足していたのですね。それ以後も、父親の勤め先の社宅を転々として、1年から2年で引っ越しを繰り返したのでした。

自分自身の家族を持つようになってからも、幼い頃からの生活で引っ越し癖が付いたのでしょうか、やはり数年ごとに引っ越しを繰り返して今に至っています。

新しい土地での暮らしは、期待と不安の入り混じった気持ちで始まります。そんな引っ越し先で、すぐに知り合いができるのは、我が家に犬がいたからです。犬と一緒に歩いていると、お互いに立ち止まって挨拶ができるのに、犬がいないとうっかり素通りしてしまうことさえあります。近所の知り合いは、地域の情報を得るためにも、とても大切です。犬といると、気軽に立ち話をして、貴重な情報交換ができるのですね。

そんなわけで、犬と数十年一緒に暮らしてきた私にとって、とても心強く興味

深い論文を見つけましたので、ご紹介したいと思います。新聞の小さなコラムに、簡単な内容が紹介されていたので、原典を探して読んでみたのです。

犬や猫と暮らしている思春期の子どもと、そうでない子どもの幸福感を比較した研究論文です（Endo et al., 2020）。一般に思春期の子どもは、年齢が上がるとともに幸福感が低下することが知られています。自尊感情（私の定義でいうところの社会的自尊感情：すごい自分）も、同様な傾向があります。つまり成長とともに、精神的な健康状態が悪くなっていくのです。

## ◆猫ではなくて犬

研究の対象は３０００名を超える10歳の日本の子どもたちで、12歳になった時点で幸福感がどうなっているかを追跡調査しています。

幸福感は、WHO-5精神的健康状態表（WHO（Five）Well-Being Index）という5項目の簡単な質問で評価しています（Psychiatric Research Unit, 1998）。最近の2週間を振り返って、「明るく、楽しい気分で過ごした」「落ち着いた、リラックスした気分で過ごした」などの5項目に、「いつも」から「まったくない」までの6段階で答えるものです

追跡調査の結果、家で犬も猫も飼っていない子どもや、猫を飼っている子どもの幸福感が2年後に大きく下がっているのに比べて、犬を飼っている子どもの幸

福感はそれほど下がらなかったのです。

考察では、犬がいると散歩に出る機会が増える、ということが第一に挙げられています。その通りだと思います。私も、犬がいてくれるおかげで、暑い日も寒い日も休まず散歩を続けることができています。近所の人たちとの会話もあります。外の空気を吸い、景色を見ながら歩くことで、気分が沈んでいる時でも、いつのまにか気持ちが軽くなるような気もします。

そして、犬はいつでも飼い主の方を、白目のあるあの大きな瞳で見つめています。犬が示す微妙な表情は、あの白目が極めて有効に働いているのだそうです。そして、犬と人が見つめ合うことで、飼い主のオキシトシン（愛情ホルモン）の分泌が増えるということです（Nagasawa et al., 2015）。これが犬の特徴で、猫との大きな違いです。その結果、幸福感が高まるというわけです。もちろん、猫にだって良いところがたくさんありますし、猫がだめだと言っているのではありません。じっと見つめ合う、その点で違いがあるということです。

## ◆子どもだけでなく親も

さらに家庭内では、こちらを見つめている犬に対して、子どもも親も一緒に犬の方を見ることでしょう。まさに共同注視（Joint Attention）が、日常生活の中で自然と頻繁に起こり、共有体験が積み重ねられるに違いありません。一緒に犬を見ながら、「可愛いね」とか「おもしろいね」などと語り合うことでしょう。

共有体験をしている時は、子どもも大人も対等です。一緒に、笑ったり驚いたり喜んだり悲しんだりしている感情に、子どもも大人も関係ありません。ですから、親子が共有体験をして、子どもが「楽しいな」と感じている時には、親も同じように「幸せだな」と感じていることでしょう。

子どもが「楽しいな」と感じている時に、横にいるお父さんやお母さんも「幸せだな」と感じています。穏やかな、温かい空気に包まれている感覚があることでしょう。すると「自分の感じ方は間違っていない」、だから「自分は間違っていない」、そして「自分はこのままでいいんだ」と自分自身をそのまま受け入れられるようになります。

このように、共有体験には「ありのままの自分（基本的自尊感情）」を育む働きがあります。しかも、それは子どもに限った話ではないのです。親の心の中でも、「ありのままの自分」が強化されているのです。

「毎日の散歩」、「いつもこちらを見つめている」というこの2点で、犬こそが子どもたちに幸せをもたらしてくれる存在だ、という論文をご紹介しました。いずれ猫の論文も見つけたら、是非ご紹介したいと思います。

**参考文献**

Endo, K et al. (2020). Dog and Cat Ownership Predicts Adolescents' Mental Well-Being: A Population-Based Longitudinal Study. International Journal of Environmental Research and Public Health, Vol. 17 1-11

Nagasawa, M et al. (2015). Oxytocin-gaze positive loop and the coevolution of human-dog bonds. Science Vol.348, 333-336

Psychiatric Research Unit WHO Collaborating in Mental Health (1998). https://www.psykiatri-regionh.dk/who-5/who-5-questionnaires/Pages/default.aspx

（初出：『げんき』183号、2021年1月）

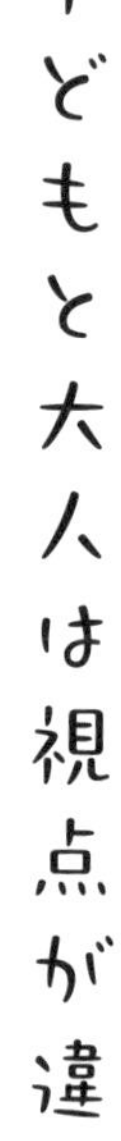

# 子どもと大人は視点が違う

## ◆相撲の楽しみ

はるかな昔の話ですが、私は中学校で相撲部に所属していました。校庭の片隅には立派な土俵があって、私たちは本物のまわしを締めて、毎日練習をしていました。結構熱心にやっていて、その仲間の一人は高校進学後に大相撲に入って活躍したほどです。そんなこともあって、大相撲のテレビ中継は、子どもの頃からよく見ていました。私のころは栃錦と初代若乃花が活躍した栃若時代でした。

さて、いつものように観戦していた、２０２０年の11月場所のことです。あることに気づきました。感染症の影響で、空席も少なくないのですが、それでもたくさんの人たちが観戦をしています。そんな中、土俵近くの席に、いつも同じ人が座っていることに気づいたのです。東側の赤房下の溜席（たまりせき）に、その人は背筋を伸ばして正座し、凛として土俵を見つめています。

その女性に最初に気づいた時は、たまたまその日だけのことだろうと思っていました。ところが、来る日も来る日もその方はいつも同じ席で観戦し、勝負が終わると小さく拍手をして力士の健闘を称えている様子です。

私は取組の楽しみとともに、その方がいることを確認することで、なんだか安心するような気がしました。そして、2021年の1月場所でも、その方はしっかりと同じ所で取組を見つめていましたし、3月場所では向正面（むこうじょうめん）のやや西側寄りの席で、やはり熱心に観戦されていました。

## ◆くるりと輪を描いた

相撲の前の、夕方の楽しみの一つが、犬と歩く近所の散歩です。ある日の散歩の時に、上空で3羽の大きな鳥が輪を描いて飛んでいるのに気づきました。最初はカラスかと思ったのですが、飛び方が違いますし、一回り以上大きいように見えます。広げた羽に風を受けて、悠然と3羽が上空でホバリングをしているような様子です。カラスにしては飛び方も大きさも違うな、と思ったその時です。「ピーヒョロロロ」と甲高い鳴き声が響きました。トビに違いありません。

赤く染まった夕焼けの空を、トビが輪を描いて飛んでいます。まさに幼い頃に散々耳にした、あの歌謡曲の歌詞そのままでした。思わず「ほーいのほい」と、合いの手を入れたくなるような光景でした。

その日以来、夕方の散歩では空を見上げてトビを探すようになりました。いつもと変わらず、輪を描いて飛んでいるのを大抵は見ることができます。鳥の事典を見ると、羽を広げると1・6メートルにもなる大きな鳥なのですね。

そして、トビに気づいたのは、私だけではありませんでした。下校途中の中学生の男子二人が、私の前で自転車を止めて空を指差しています。トビに気づいたようでした。後ろから近づいて、「かっこいいね」と声をかけると、二人は一瞬驚いたようでしたが、大きくうなずいてくれました。

土俵の脇の女性にしても、上空を悠然と舞うトビにしても、見過ごされがちなことかもしれません。でも、そんな何気ないことに気づく瞬間は、誰にでもあるのではないでしょうか。一度気づくと、気になるものです。それをいつも確認したくなる。確認すると安心できるからです。

ちなみに、土俵の脇の女性は、ネットの世界ではちょっとした評判になっているようです。「溜席の妖精」という呼び名まであるそうです。私は、気づいているのは自分だけだろうと思っていたのですが、どんなことでも気づく人はやっぱりいるのですね。

## ◆目は口ほどに

ある日の散歩中のことです。すれ違う時に、視線を感じました。彼は、つぶらな瞳でじっと私の方を見つめています。こんなにまっすぐな視線を感じることは、めったにあることではありません。怒っているわけではなさそうですが、笑っているのでもないようです。ただまっすぐに見つめられて、どうしたら良いのか戸惑ってしまいました。

新聞や雑誌の報道写真などで、人物の目を黒く隠すことなども、目の重要性を物語っているように思います。口や鼻を隠すのではなく、目を隠すのです。そういう意味では、感染拡大予防のためのマスクは、目を隠していないので表情が決定的に失われているわけではありません。

口元をマスクで隠して、アイメイクをした目の表情だけで芸能人の顔真似をする、ざわちんというタレントがいます。彼女の評判が聞こえてくるようになったのは、もう何年も前のことで、マスクをすることが一般的ではなかった頃のことです。マスクをして顔の大部分は隠しているにもかかわらず、見事というほかありません。最初に見た時には、本当に驚きました。どう見ても、その人にしか見えないほどの技です。

## ◆見ているところが違う

先ほどの、散歩中の私がじっと見つめられていたお話ですが、実は私を見つめていたのは、母親に抱かれた赤ちゃんだったのです。まだ本当に幼い男の子が、じっと私を見ていたのです。そして、すれ違うその瞬間まで、じっと私を見ていた(と、私が思っていた)その子は、すれ違いざまに急に「ワンワン」と大きな声を出しました。私をじっと見ていたと思った彼は、実は私に抱かれていたわが愛犬を見つめていたのでした。

　赤ちゃんを抱いていたお母さんは、その時ようやく私の愛犬に気づいたようでした。にっこりして、「あら、可愛いわね」と赤ちゃんに声をかけています。二人の視線が私、ではなく私の愛犬に優しく注がれました。

　お母さんは、私の存在には気づいていたに違いありません。少し距離をとってすれ違おうとしていたことから、そのことはわかります。私には気づいていたけれど、私の胸元の愛犬には気づいていませんでした。ところが、赤ちゃんは犬に気づいていたのです。

　大人と子どもでは、見ているところ、焦点化しているところが全然違うのですね。そこから、ちょっとしたすれ違いが生まれることもあります。子どもの視点を意識することで、大人が新たなことに気づいたり、何かを発見したりできるかもしれないのだと思います。


（初出：『げんき』185号、2021年5月）

# 子どもの頃の「わたし」

## ◆あだ名の意味

小学生の頃の私は、かけっこや運動全般が苦手な子どもでした。だからだ、と私は思っているのですが、そんな私についたあだ名は「ぶた」でした。そのあだ名が、子どもの頃の私は本当に嫌でした。

親しみを込めて下の名前や、あだ名で呼んだりすることもあるかもしれません。「ぶた」も、可愛らしい子ぶたのように思った誰かが、悪意はなくつけてくれたのかもしれません。でも本人は嫌だと思っていたのです。

さてあだ名と言えば、もう10年以上前に読んだ、あだ名に関するアメリカの論文（Abel, E. et al., 2006）のことを思い出します。仕事上、これまで無数の論文を読んできましたが、この論文はずいぶん時間が経っているのに、忘れがたいものの一つです。

アメリカの大リーグの野球選手、大リーガーの寿命を調べた研究なのですが、あだ名のあった選手となかった選手では、寿命が違っていたというのです。

具体的には、1950年以前にデビューした大リーガーで、あだ名があった人

2666名と、あだ名がなかった人4329名の寿命を調べて、比較したのです。するとあだ名のあった人が68・6歳で、なかった人は66・1歳という結果で、あだ名のあった人たちの方が、統計的に有意に長寿命だったというのです。

あだ名があったということは、多くの人々に愛されていた証拠です。そのことで自尊感情が高まり健康を良い状態に保ち、その結果寿命が長かったのではないかというのが、この論文の結論でした。やはりここでも、自尊感情が重要な鍵を握っているのでした。

でも、ひねくれ者の私は思うのです。実は、大リーガーの中には、自分に付けられたあだ名が嫌だと感じていた人もいたかもしれません。それで、あだ名を付けた人たちを見返してやろうと奮起して頑張って、結果的に長生きしたということはないでしょうか。

子どもの頃、嫌でしかたなかった、あの「ぶた」というあだ名ですが、実は今ではちょっぴり誇らしい気持ちでいます。私の気持ちを変えてくれたのは、「飛ばねえ豚はただの豚だ」というアニメの主人公のセリフでした。私も、ずっと飛び続けたいと思っています。

## ◆本のある子ども時代

2019年に読んだ論文で、本が人の知性に与える影響を調べた研究があります（Sikora, J. et al., 2019）。本を読んだら知識が増えたり、考えが深まったりして知的になる、というお話ではありません。

ただ単に、子どもの頃に家にあった本の数と、大人になってからの知的能力の関係を調べた研究です。世界の31カ国の成人16万人を対象にした、かなり大規模な国際調査です。

調べた結果、16歳の頃に家にあった本（教科書と雑誌以外）の冊数の全体の平均は115冊で、日本の家庭では102冊だったそうです。日本の冊数が、世界の平均より少ないことが気にかかります。ただ、この研究は本の冊数の比較が目的ではありません。先ほど触れたように、子どもの頃の本の冊数と大人になってからの知的能力の関係です。知的能力は、読み書きの能力、計算能力、そして情報技術の能力という3領域で調べています。

結論を言えば、16歳の頃に家に200冊以上の本があった人は、大人になってからの知的な能力が高かったのです。200冊というのが境目で、それ以上本があっても知的能力にはほとんど差がありません。逆に言えば、200冊以下では大きく知的能力が下がるのです。

家庭用の本棚を思い浮かべると、たいてい高さが180センチ、幅が90センチで5段の棚というのが一般的ではないでしょうか。90センチの棚には、だいたい40冊くらいの本が並べられます。5段あれば、全部でちょうど200冊という計算です。

つまり子どもの頃に、本がぎっしりと並んでいる家庭用の本棚一つがあれば、大人になってからの知的能力に心配がないということになります。日本では、平均すると102冊ということですから、ちょっと心配な状況ですね。

## ◆本だけじゃない

本は、読んだかどうかはわかりません。とにかく、200冊あったかどうかなのです。

「積ん読」という言葉をご存知でしょうか。買ってきたり借りてきたりした本を、いつまでも読まずに積み重ねておいておくことです。「積んでおく」をかけているのですが、これも実は大きな意味を持っていると思っています。

クレヨンハウスという子どもの本の店を経営している落合恵子さんが、新聞のコラムに書いている一文がとても印象的でした。店に入ってきた子どもが、なかなか本を決められない時に、親が急かすそうです。そんな時、ゆっくり待ってあげてほしいと言います。

「急いで選びなさいって言わないで。本のある空間に身を置くことで、すでにその子の読書は始まっているのですから。」(朝日新聞、2020)

本を身近に置いて積んでおくだけでも、そして本棚に200冊の本がただ並んでいるだけでも、読書は始まっているのです。

ディック・ブルーナのミッフィーや、くまのプーさん、そしてピーターラビットなどの絵本を訳した児童文学者の石井桃子は、こんな言葉を残しています。

「子どもたちよ、子ども時代をしっかりと、たのしんでください。大人になってから、老人になってから、あなたを支えてくれるのは、子ども時代の『あなた』です」（中川ら、２０１４）。

子ども時代に、豊かな環境に囲まれ、とにかく楽しく遊ぶこと。そうした場をしっかりと保証することが、今私たちに求められているのだと、改めて思う今日この頃です。

**参考文献**

Abel, E. and Kruger, M. (2006). Nicknames Increase Longevity. OMEGA—Journal of Death and Dying. 53(3):243-248

Joanna Sikora, M.D.R. Evans, Jonathan Kelley (2019). How books in adolescence enhance adult literacy, numeracy and technology skills in 31 societies. Social Science Research. Vol.77 1-15

中川李枝子ら（２０１４）『石井桃子のことば』新潮社

落合恵子（２０２０）「本の世界への入り口 いつもここに」朝日新聞（２０２０年９月21日）

（初出：『げんき』１８２号、２０２０年11月）

# 第３章

# いのちの体験と「棚上げ」

## Q.5

### 4歳の男の子の母親です。子どもが外遊びをしている時に平気で虫を殺すのが心配です。どうしたらよいでしょうか。

## A.5

子どもは動くものが好きです。一方、動かないものも好きです。道端の石ころ一つが宝物になるのです。しかし実は、もっとも好きなのは動いているものが動かなくなること、そしてその逆に動かないものが動くようになることです。

もう少し正確に言うと、動いているものが動かなくなっていく過程です。そしてその逆に、動かないものが動くようになっていく過程です。「過程」が子どもを惹きつけるのだと思います。

夕日が沈む様子を、じっと見つめたことはありませんか。昼から夜に変化していく「過程」が、人を惹きつけるのだと思います。私はねぼすけなので、あまり見た

ことはありませんが、同じように朝日が昇る様子も魅力的です。

元気に動いていた虫が動かなくなること、もだえ苦しみながらやがて死ぬという、その変化の過程が子どもを惹きつけるのだと思います。決して殺すことを喜んでいるのではないのです。では、放っておいて良いのでしょうか。私はそうは思いません。私自身、虫を殺すことは嫌です。お母さんが私と同じように嫌だと思われるなら、「お母さんは嫌だ。お母さんは虫を殺したくない。虫がかわいそうだ」と伝えるべきだと思います。

なんで嫌なの、なんで駄目なのと問われたら、「嫌なものは嫌。駄目なものは駄目」と伝えれば良いと思います。この世界には、言葉で説明したり説得したりできないことがある、そのことを伝える良い機会だと思うのです。

→ 詳細はp.138、166へ

## Q.6

女の子の祖母です。最近、子どもが見ている漫画やアニメが、首をはねるなど露骨な表現が多く、残酷です。そのまま見せてもよいのでしょうか。

## A.6

大人が注目しているのは露骨で残酷な場面です。でも、子どもが漫画やアニメに惹きつけられているのは、そんな場面に理由があるのではないのだと思います。子どもが見ているのは、主人公の気持ちの動きであったり、全体を通して流れる人と人の友情や愛情であったり、冒険の旅なのだと思います。露骨で残酷な描写は、物語にメリハリをつけるための、調味料のようなものにすぎないのかもしれません。だったら無視して、見て見ぬふりをしていれば良いでしょうか。私は、そうは思いません。大人が感じていることを、子どもに伝えることは大いに意味があると思います。むしろ、積極的に意見を言ったり、思いを伝えてほしいと思います。ただ、

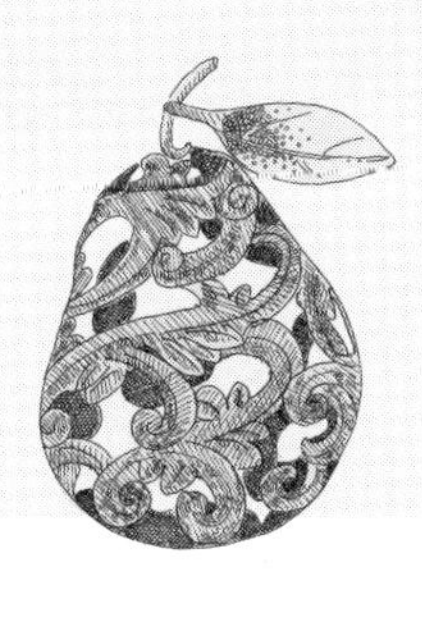

その時に大切なことがあります。それは、子どもと意見を交わし感想を語り合えるほどに、その漫画やアニメを見て知ることです。

さらに言えば、一緒に並んでアニメを見る時間が取れれば、それはとても意味があると思います。子どもが、どの場面のどんなことに心を動かされているのかが、手に取るようにわかると思います。一方で、大人が何をどう感じているのかを、子どもに伝えることができます。

ちらっと覗き見ただけで、漫画やアニメの批判をしても、子どもは聞く耳を持たないでしょう。むしろ、だから大人というのは信じられないという思いを強化するだけです。わかったような口をきく大人を、心の中で馬鹿にすることでしょう。ちゃんと見もしないで意見を言うのは、百害あって一利なしです。

繰り返しになりますが、特に全否定は禁物です。露骨で残酷な場面があるという理由で、その漫画やアニメを全否定することは厳禁です。そうではなく、大人が「私は、この場面は嫌だ。こういう場面は見たくない」と限定して否定することが大切だと思います。そうした時間を共有することで、大人のものの見方や感じ方が自然に子どもに伝わっていくと思います。向き合ってお説教をしたりすることより、大いに意味のある時間になると思います。

→ 詳細は p.150へ

# 解説

## 1 「いのちの教育」とは

### ★いのちの教育

この章では、私が25年ほど前から続けている「いのちの教育」についてお話しします。なぜなら「いのちの教育」は、自尊感情、「自分を大切に思う気持ち」と深く関わっているからです。

私自身が「いのちの教育」に関心を持つようになったのは、偶然の成り行きからのことでした。

古くからの友人が、アメリカで手に入れた英語の本を翻訳出版し、その本の著者を日本に招いてシンポジウムを開催するので、手伝ってほしいというのです。大切な友人の依頼ですから、喜んでお手伝いしました。

著者のジム・ボウルディン氏は、カリフォルニア大学の元教授で本来は経営学が専門なのですが、子どものホスピスでのボランティア活動をする中で、子どもたちのために一冊の絵本を書いたのです。それが、子どもが死を理解し受け入れるための絵本『「さようなら」っていわせて』（北山秋雄訳、大修館書店、１９９７）です。

身近な人や動物との死別をした子どもたちが、その悲しみの心を少しでも癒してほしい、そんな思いが詰まった本です。絵本の主人公と一緒に気持ちを共有しながら、自分の思いを書き込んだり、絵本に塗り絵をしたりしながら、少しずつ悲しみの心を大切な思い出の宝物にしていく本です。

そのシンポジウムは、東京と名古屋で開催されました。それぞれの場所で、数百人の熱心な参加者がありました。そこに集まった人たちへの私からの呼びかけで、子どもといのちの教育研究会が発足し、今では日本いのちの教育学会と名を変えて活動が続いています。

## ★「いのち」とは

私にとって、「いのち」をどう捉えて考えているかというと、これも一筋縄ではいきません。「命」とか「生命」でしたら、もう少しわかりやすいのです。私たちの中学生を対象にした調査によれば、漢字で書いた「命」や「生命」は、身体的な誕生や病気や死につながりが強いと考えていることがわかっているからです。

それに対して、「いのち」とひらがなで書くと、体のことだけでなく、心のことや人間関係の問題など、とても広い意味が含まれるようなのです。例えば、「幸せ」とか「友情」や「愛」や「性」、そして「出会い」や「別れ」など、生まれてから死ぬまでの、あらゆる事柄が「いのち」という言葉には含まれているようなのです。

いずれにしても、私たちは「命の教育」ではなく、「いのちの教育」として活動を始めました。ただ、少しずつ研究や実践を進めるうちに、私自身はだんだん憂うつになってきました。どうしても多くなりがちな病気のことや障がいのこと、そして死の問題ばかりを考えているうちに、辛くなってきたのです。

ひょっとしたら、明るく楽しく暮らしている子どもたちも、同じように感じるのではないだろうか、とも思いました。その頃は、大学のゼミ生の皆さんとチームを組んで、小学校や中学校そして高等学校などへ、出前の授業を始めていました。児童・生徒の皆さんは、急に見知らぬ大人たちがやってきて、病気や死にまつわる話をしたら、気分が落ち込んでしまうのではないだろうかと心配になってきたのです。そんな思いが、次第に強くなっていきました。

一緒に研究会で活動している研究者の中には、「死を通して生を教える」ことの大切さを強調する立場の方もおられました。いわば、死と生を対比させて、生の明るさを際立たせようという試みのように感じられました。

私としては、もっと直接的に生きることの楽しさ、生の素晴らしさを伝えることを望んだのです。そしてたどり着いたのが、自分の今の毎日の素晴らしさ、生きていることの喜び、自分という存在の大切さを直接確認することです。それが、「自分を大切に思う気持ち」つまり自尊感情の研究につながっていきました。その延長線上の、最先端の研究の成果をもとに、この原稿を書いているというわけです。

子どもたちがすこやかで幸せな、これから生涯続く「いのち」を生きていくために、今なにが必要なのか。もちろん、それは子どもたちだけのことにとどまらず、子どもと関わるすべての人、保護者や保育者にとっても大切なことを考えることになるのだと思います。

## 2 いのちの理解と発達

### ★変化の魅力

子どもが死をどのように理解するかについては、古くから多くの研究が行われてきました。私が読んだ論文で一番古いものは、1948年にハンガリーのマリア・ナギーという研究者が子どもを対象に面接調査をしたものです。何度も学校に通ってくるナギーを、子どもたちは「死のおばさん」と呼んでなじんで、死についての思いを語ったということです。このことについては、後ほど詳しくお話しします。

子どもは、死を三つの要素で理解します。死んだ人は動かない（死の不動性）、すべての人は死ぬ（死の不可避性）そして、死んだ人は元へは戻らない（死の不可逆性）の三つです。

子どもは動くものが好きです。ずうっと、変化を見せずに、一定の動きを続けているものを、じっと飽きることなく見つめています。一方、動かないものも好きです。いつまでも、全く動かない、そんなものを瞬きもせずに凝視しています。道端の石ころ一つが宝物になるのです。

しかし実は、もっとも好きなのは、動いているものが動かなくなることです。その逆も好きです。動かないものが動き出す瞬間です。

それは大人も好きですね。初日の出が昇る瞬間を見ようと、夜を徹して過酷な山道を登り富士山の頂上を目指します。また、美しい夕日が見たいと、宍道湖の向こうに沈む太陽を見るためだけに、出雲地方に旅をする人もいます。

少しずつ空が暗くなっていって、東の空はもうすっかり群青色に埋め尽くされているのに、まだ西の空は茜色です。そして群青色が、見る間に空一面に広がっていくのです。この全天に繰り広げられる、壮大な宇宙のショーを見つめて、ため息をつかない人はいないでしょう。かくも、変わりゆくこと、しかもなだらかに少しずつ変わっていくことは、人を惹きつけます。

人は本来、あいまいな存在です。ゼロか一かのデジタルな存在ではなく、境界がはっきりしないアナログな存在です。ですから、昼と夜の境界があいまいな夕日の沈むころ、そして朝日が昇っていつのまにかあたりが明るくなっていく、あの時間がたまらなく人を惹きつけるのだと思います。

## ★命を吹き込む

子どもが、虫を捕まえて遊んでいます。ただ捕まえて虫かごに入れて眺めているだけではありません。時として、彼らは捕まえたトンボの尻尾を切り取ったり、羽をむしったりします。私自身も、幼いころ空き缶に入れたカマキリを火であぶって、じりじりと焼けていくのを友だちと一緒に見つめていたことがあります。苦しそうに悶えながら、カマキリはやがて動かなくなりました。動いていたものが、やがて動かなくなること、そのことをじっと観察していたのです。子どもは、なんて残酷なのだろうと思われるかもしれません。でも、彼らは動いているものが動かなくなる、そのことに関心があるだけなのです。

そして、もっと残酷な行為もあります。子どもは、よく人形遊びをします。人形に命はありません。人形遊びをする子どもが、人形に命を吹き込むのです。手に取って遊び始めた瞬間、人形たちは命を与えられます。生き生きと動き回り、会話をし始め生活を展開します。しかし、やがて遊びに飽きた時、子どもは無造作に人形をその場に横たえます。人形は死ぬのです。自分の欲求に応じて、人形に命を与えますが、飽きれば放り投げて人形を殺してしまうのです。これも、なかなか残酷だとは思いませんか。

ここで共通しているのは、変化です。動いているものが動かなくなることに関心を持つ子どももいれば、動かないものを動くようにすることに関心を持つ子どももいるのです。

## ★死の理解―ナギーの研究―

子どもは、最初に死の不動性を理解します。つまり、「死んだら動かない」ということです。虫も人も同じことです。死んだら動かないのです。子どもは、その逆も考えます。「動かないものは死んでいる」。

そして、幼い子どもは結論を得ます。動かないことと死んでいることは同じことだ、と。人がどんな時に動かないかを、子どもは経験で知っています。そうです。寝ている人は動きません。だから、寝ていることと死んでいることの区別がつかないのです。

布団に横たわっているおばあちゃんの亡骸に、幼い子どもが語りかけています。

「おばあちゃん起きてよ。一緒に遊ぼうよ」。

そして、母親に尋ねます。

「おばあちゃんは、いつになったら起きてくるの。起きてまた僕と遊んでくれるよね」

と。

今から70年ほど前に、ハンガリーのブタペストでマリア・ナギーという教育学者が、子どもたちを対象とした大規模な面接調査を行いました。

ナギーは、毎日のように学校に通い詰めて、子どもたちと仲良しの身近な存在となって、子どもたちの素直な思いを引き出したのです。担任の先生と教室へ入っていって、子どもたちに質問を投げかけました。子どもたちは「死のおばさん」と、親しみを込めて呼んだと論文には書かれています。

このナギーの論文は、１９４８年に心理学の国際的な学術雑誌に発表されました。ここでは、その英語で書かれた論文の一部をご紹介したいと思います。この論文を読んで、私は勝手に運命のようなものを感じています。その年は、私が生まれた年だからです。ちょうど私がこの世に生を受けた年に、遠くヨーロッパの地でいのちの教育にとって記念すべき論文が発表され、今こうしていのちの教育の研究をしているわけですから。

ただ、ここで一言触れておきたいことがあります。75年前に発表された論文を、今ここで読み直していることの意味についてです。その一つの理由は、これがこの領域でのこの種の研究としてはもっとも古い時期、つまり最初期に発表された論文の一つだからです。

そして、もう一つ重要なことは、ナギーのように死を直接子どもたちに質問するような調査研究は、現代ではきわめて困難だということです。人を対象とする研究では、倫理性が強く求められます。死について話題にすることで、子どもたちの心に何らかの悪い影響があるかもしれないと判断されれば、こうした研究は一切やってはならないと考えられているからです。

さて、調査の対象は、3歳から10歳の子どもたち378人です。51%が男の子、49%が女の子でした。「死ってどんなもの?」「死について聞かせて?」そんなふうに、彼女は子どもたちに尋ねました。幼い子どもたちとは会話を通して思いを聞き出し、7~10歳の子どもには作文を書いてもらい、6歳以上の子どもたちには絵も描いてもらったりしました。その結果、484個の回答を得ることができました。

具体的に、論文を読み解いていくと、5歳以下の子どもたちは、〝死の不可逆性〟は理解できないことがわかりました。死んだ人は生き返ることはない、というのが〝死の不可逆性〟です。また、誰でもが死ぬということ、つまり〝死の不可避性〟も理解できません。その頃の子どもが理解できているのは、〝死の不動性〟だけです。

ナギーは、「死って何?」「死んだら人はどうなるの?」「死んだかどうか、どうやったらわかるの?」「いつも夢を見るかしら? 死についての夢を聞かせて?」という四つの質問を子どもたちに投げかけています。随分と直接的で、深刻なことについて尋ねています。

ナギーの「死んだらどうなるの」との質問に、ジョランという名の3歳の女の子は答えます。「死体は目を閉じているわ。だって砂が目に入ったんだもの」。つまり、死んだ人は自分の意志で、目を閉じているというのです。

また、トミーという4歳の男の子は「死体は棺桶に入っているから動けないんだよ」と言いました。「じゃあ、死体が棺桶から出たらどうなるの」と質問を重ねると、その子は「食べたり飲んだりできるよ」と答えています。

また、イレンという4歳の女の子に、「お墓の中ではどうしているんだろう」と質問すると、「その人は叫んでいるよ。だって死んでいるから」と言うので、「なんで叫ぶんだろう」と聞くと、「だって、その人は自分で自分が怖いんだよ」と言いました。この子は葬式に参列して悲しみに暮れている人たちを見て、死を良くないことと理解しているのではないかとナギーは解釈しています。

ジュリスカという5歳の女の子は、「亡くなったお父さんは土の中で今どうしているかしら」との問いに答えます。「そこに寝ているわ。そして、土から出ようとして、土をひっかいているの。だって、空気が少なくて苦しいから」。この子は、土の中がどんな状態かを理解しているので、そこで死んでいる—つまり寝ている—父親は息が苦しいと考えている、とナギーは説明しています。

この第一の要素「死の不動性」については、およそ就学前に多くの子どもたちが理解します。

それについて、私自身が見聞きした話があります。コロナ禍以前、保育士の方たちの研修会で、自尊感情といのちの教育についてお話をしました。90分の講演が終わって、会場からの質問を頂く時間になりました。大きなホールのような会場で数百人の聴衆でしたから、そんな時はたいてい質問の手は上がらないのですが、その日は後ろの方の方がはっきりと手を挙げて質問をされました。

3歳児を担当しているのだけれども、一人の男の子がちょっと元気で、少しいたずらをすることがあるといいます。そんな時、そのことを注意すると、男の子が「どうせ、僕なんか死んだ方がいいんでしょ」と言うというのです。とても心配だというわけです。「自分は生きていていいのだ」という、基本的自尊感情がしっかりと育っていないのではないかというわけです。

確かにその通りです。投げやりな言葉はとても心配ですし、3歳児が死を口にするなんて、私も本当に怖いことだと思います。死という言葉が、嫌なことで辛いことで避けるべきことだと、3歳の子どもが知っているということです。3歳の子どもには、まだ知ってほしくない言葉だと私は思います。

ただ、その子は死を死として理解しているわけではありません。先ほども触れたように、死の不動性は理解できていますが、不可避性や不可逆性はまだわからないはずです。ですから、いのちの教育の立場からその子の発言を翻訳すると、「どうせ、僕なんか家に帰って寝た方がいいんでしょ」となります。3歳の子どもにとっては、死ぬことと寝ることの区別ができないのですから、子どもが死について口にしたからと言って、それを文字通りに真に受ける必要はないのです。

## ★ 誰でもが死ぬ

では、「死の不可避性」や「死の不可逆性」は、いつ頃どのように理解されるようになるのでしょうか。引き続き、ナギーの論文から、子どもたちとのやりとりを見ていくことにしましょう。

9歳のジウラという男の子は、死は何かと問われて、「死は人生の終着点だよ。死は運命さ。それで、僕たちは地球上の人生を終わるんだ。死は地球上の生命の終点なんだ」と答えました。

また、同じく9歳のギャバーという男の子は、「もし誰かが死んだら、みんなはその人をお墓に埋めるでしょ、そうするとその人は地球の一部になるのさ。その骨はやがて粉々に崩れて、そこに埋もれていくのさ。死は、誰も逃れることができないものなんだ」と説明しました。

さらに9歳のタマスという男の子は、「死はなんなのかって、えーっと、人の人生の一部なんじゃないかな。学校みたいに。人の人生は、いろんなことから成り立っているから、その一部が大地に埋まるってことなんだよ。学校みたいに、死んだら今までとは違うクラスに行くんじゃないかな。死ぬってことは、違う新しい人生が始まるってことなんだと思う。誰もが、一度は死ぬんだけど、魂は生き続けると思うよ」と答えました。

ナギーは、このタマスの答えについて、統合的な理解をしていて肉体的な死を超えて、永遠の神秘の世界にまで考えを深めるに至っている、と述べています。そして、これらを踏まえて9歳から10歳の子どもは、死の理解がほぼ完成する段階にあるといっています。つまり、死は現実的で避けられないものであり誰もが死ぬ（不可避性）とともに、死んだら元へは戻れない（不可逆性）という理解がなされているというのです。9歳以上の子どもが、不可逆性と不可避性を理解するに至るのです。

## ★死の擬人化

それでは、6歳から8歳の子どもたちは、どうなのでしょうか。

ここで唐突ですが、ハリー・ポッターの物語を思い出してみてください。ハリーが入学したホグワーツ校には、おかしな存在がたくさんいました。そう、〝存在〟です。決して〝生き物〟ではないのです。

ほとんど首なしニックは、貴族の幽霊でした。貴族ですから礼儀正しいのですが、その姿は哀れです。処刑されて死んでしまった存在ですが、首の皮一枚で頭と体がつながっているのです。また、血みどろ男爵は、全身が血で覆われた恐ろしい存在です。ピーブズというのもいました。

これらは幽霊、亡霊、あるいはゴーストなどと呼ばれていますが、実は違うのです。ナギーの研究によれば、特に6歳から8歳の子どもたちは、死を擬人化して理解するというのです。つまり、「死＝人（Death ＝a Man）」なのです。

死はどんなものなのというナギーの質問に、マルタという6歳の男の子は答えています。

「死は、悪い子を連れて行っちゃうよ。捕まえて、どこかへ行ってしまう」

——それって、どんな姿をしているの？

「雪みたいに白いよ。死は、なにからなにまで白いんだ。死は、子どもとは全然違う」

——なぜ？

「だって、死は悪い心を持っているんだもの。死は、大人の男の人や女の人だって連れて行ってしまうよ」

――なぜ？

「だって、死とは違う姿をしているからだよ」

――白いって言ったわね。どんな白なの？

「透き通っている感じ。透き通った骨みたい」

――だけど、それって本当にはいないわよね？

「本当だよ。だって、前に一度、夜に本当の死が僕のところに来たもの。死は鍵を持ってて、どのドアも開けられるよ。そして部屋に入ってきて、ベッドに覆いかぶさってきて、シーツを引っ張ったんだ。だから、僕は一所懸命シーツをつかんで持っていかれないようにしたよ。そしたら、あきらめて、どこかへ行っちゃったんだ」

――でも、それって本当じゃないと思うわ。

「僕、その時病気で寝ていたの。だから幼稚園にも行けなかったんだ。小さい女の子が、いつも来ていたけど、ある日の夜に死がやって来たんだ。それで、いつも食べていたレーズンを隠されちゃった」

――そのこと、お母さんに言ったの？

「ううん。だってお母さんは怖がるから」

――じゃあ、お父さんには？

「お父さんには言ったけど、そんなものは根も葉もない作り話だって言うから、僕は違うよおとぎ話じゃないよって言ったんだ」


6歳のマルタの言ったことは、おとぎ話でしょうか。そうではありません。子どもの心にある、本当の思いであり、真実なのです。

お母さんが、幼い子を抱きしめて言います。

「いつでも、あなたのそばにいるからね」

「ずぅっとだよ」

「そう、ずぅっといつまでも、永遠にあなたのそばにいるから」

お母さんの言っていることは、本当でしょうか。嘘ですね。永遠にいることなどできないのです。大人なら、誰でも知っていることです。でも、やはり、とても大切な真心の思いです。

**参考文献**
Nagy, M. (1948). THE CHILD'S THEORIES CONCERNING DEATH. The Journal of Genetic Psychology, 73: 3-27

# 3 「いのちの体験」と棚上げについて

## ★「いのちの体験」

ここまで、子どもが死について、いつ頃どのように理解するかをナギーの論文に沿って見てきました。でも、子どもが理解を深めていく過程では、きっと何かきっかけや理由があるのではないでしょうか。そこで、どのような体験を経て理解し、その体験についてどのように感じているのかを、考えることにしたいと思います。

「なぜ生きているんだろう」
「自分はこの先どうなっていくんだろう」
「死んだらどうなるんだろう」
「いのちって何だろう」

子どもには、こんな疑問が心を占める時期があります。その時の体験を、私は「いのちの体験」と呼んでいます。私たちの調査によれば、一般的には小学校4年生から中学生頃に「いのちの体験」をする人が多数派です。しかし、幼児期の年中や年長のころに、ちょっとしたことがきっかけとなって、こうしたことを真剣に思い悩んだという人もいます。逆に、高校生や大学生になってから、初めてそうしたことを考えたという人もいます。人それぞれで、時期には大きな幅があります。

ある人は、家で飼っていた金魚が死んだことがきっかけだったと言います。何も考えずに、何気なく死んだ金魚をごみ箱に捨てて、お母さんにきつく叱られたことが、大人になった今でも忘れられないと言います。また別の人は、テレビを見ていて人が死んでいく場面で、お母さんは死なないよね、と言って困らせたことを覚えていると言います。

子どもはある日突然、こうした降って湧いたような深刻な疑問に直面します。当然戸惑い不安になり、一人になることが怖かったり、夜眠ることが恐ろしくなったりします。眠ってしまうと、世界から置いて行かれるような気がしたり、二度と皆に会えなくなるような気がしたりします。一人でお風呂に入ることが怖い、という体験を語る人もいます。その間に、家族の皆が自分の知らないところへ行ってしまうような恐怖を感じるからです。

「いのちの体験」をきっかけに、「いのちの秘密を知りたい」という欲求に突き動かされて、子どもの心にはさざ波が立ちます。さざ波がきっかけとなって、さらに大きな波が打ち寄せることもあります。それは、子どもが一人で「いのちの体験」に立ち向かわなければならないような時です。

## ★共有体験による「棚上げ」

「いのちの体験」をしたとき、子どもを一人にしておくことは危険です。その不安や絶望感は、一人で抱え込まず誰かと共有することが大切です。一人では抱えきれないような、とても重い問いかけからくる不安や絶望感だからです。ですから、その重い問いを誰かと一緒に受け止めることが必要です。誰かの力が必要なのです。一人では抱えきれないからです。

そして、その不安や絶望感を一緒に受け止めること、つまり感情の共有が重要です。感情を共有する体験を積み重ねることによって、「自分はひとりぼっちで孤独なのではない」と思ったり、「自分は今のままでいいんだ」と受け入れたりできるようになります。そんなふうに自分を受け入れることを、私は「棚上げ」といっています。

「いのちの秘密を知りたい」という欲求は消え去ることがありません。その大問題を、どこか心の奥深くへしまい込むのではなく、棚に上げておくという意味です。人生で最初の「いのちの体験」の時、誰かと一緒に問題を「棚上げ」にした経験があれば、その問題をまた一人で、棚に上げることができるのです。身近な誰かと共有体験をして、網棚にその問題を棚上げにできれば、安心して人生の列車の旅を続けていけます。

ここでの共有体験は、ただ単に一緒に笑ったり泣いたり、喜んだり苦しんだりといった何気ない日常での感情の共有だけでは済まされません。もっと深刻な、ある意味で人生において最も深刻な問題について思い悩む体験だからです。

「なぜ生きているんだろう」「自分はこの先どうなっていくんだろう」「死んだらどうなるんだろう」「いのちって何だろう」という、本当に深刻な疑問なのです。

そして、ここで忘れてはならないことは、「いのちの体験」をした時に重要な共有体験、つまり一緒に悩んだり考えたりする体験ができるかどうかは、幼少期からの何気ない日常での共有体験の繰り返しが、十分なだけされていたかどうかによって左右されるということです。こうした不安と恐怖に襲われるような「いのちの体験」

が、自分一人のことではなく、身近な家族や友だちや先生も同じように感じているということがわかれば、つまり共有体験ができれば気持ちは一気に軽くなります。

12歳の少年たち4人が、列車の事故で亡くなった同い年の少年の死体を見つけに行く物語、『スタンド・バイ・ミー』（スティーヴン・キング著、新潮文庫）をご存知でしょうか。彼らは、死というものがどういうものなのか、死体がどんなものなのか、それを知りたくて仕方がありません。そして、4人で一緒に死体を見た途端、すべてが解決するのです。

同様なお話は日本にもあります。『夏の庭』（湯本香樹実著、新潮文庫）という小説です。ここでも6年生の3人の少年たちが、近所のおじいさんの死ぬ様子を見たいと思って、毎日通い続けて心を通わすというお話です。そして、最後におじいさんは亡くなってしまうのですが、それですべてが解決する、つまり棚上げができるのです。

死体を見たからといって、何か新しい画期的な発見や洞察が得られるわけではありません。しかし、その場に誰か身近な人と一緒に立った時、人間とはこういうものなのだ、ああそうだったのだと得心するのです。

## ★「いのちの体験」の前に共有体験を繰り返す

ここで紹介した二つの物語は、もちろん物語ですから、劇的に描かれていますし、申し合わせたように12歳の少年たちの経験です。少年たちが、友だちと一緒に死を身近に感じる体験をして、成長していくというお話です。おそらく実際には、私たちの多くは身近な家族とそうした時間を体験するに違いありません。たいていは、身近な存在である祖父や祖母の死であったり、家で一緒に暮らしていた犬や猫の死であったりするでしょう。小説のように波乱万丈な出来事はないかもしれませんが、私たちも確かに死と直面して、ああそうだったのだ、そういうことなのだ、と心の深いところで得心し、問題を棚上げすることができるのではないでしょうか。

そして、そうした瞬間にしっかりと棚上げができるためには、それまでの生活での共有体験の経験がとても大切なのだと思います。とりわけ幼児期の何気ない共有体験の繰り返しが、最も大切な思春期の「いのちの体験」の準備をすることになるのです。何度も何度も繰り返されてきた、本当に何気ない日常の共有体験の積み重ねです。

5歳頃までの子どもは死の不動性は理解できていますが、それ以外の概念は十分理解できていないのが普通です。しかしこれはあくまでも統計的なお話なので、なかには平均的な子どもより早く死の問題に直面し、真剣に悩んでしまう子もいると思います。いのちにかかわるような出来事は、ずぅっと先のことだと思っていると、あっという間に子どもは成長してしまいます。その時に慌てないように、今目の前にいる子どもとまず向き合って関係を作り、そして寄り添って関係を深める共有体験を何度も何度も繰り返していくことが大切です。

もちろん逆に、中学生を過ぎて高校生になって、さらには大学生や社会人になっても、死の問題を自分自身の身近な問題として真剣に考え悩んだことのない人もいます。人それぞれなのです。

## ★「いのちの体験」と自尊感情

思春期の入り口で、多くの子どもたちが不安や孤独感に叩きのめされそうになります。しかし、自分は一人で生きている、孤独であるという事実に向き合い、そしてそれを誰かと共有した時、子どもたちの心には、それまで経験したことのない希望や期待の感情が湧き上がってきます。不安や絶望感が大きかった分、それらを共有して一人ではないことが確認できた時、子どもの心には、自分は一人ではない、自分は今のまま、ありのままでいい、自分は生きていていいのだという、強く大きな希望の光が差し込んでくるのだと思います。

つまり、不安や恐れと希望や期待の感情は、子どもたちの心に同時に宿っているのです。ただネガティブになっているわけでも、むやみとポジティブになっているわけでもありません。子どもたちは、その両極を大きな振り子のように行ったり来たりしています。

生きている限り、不安や恐れ、怒りといった感情はあるでしょうし、時には家族の中にいながら孤独を感じることもあるでしょう。それでも人生の困難な場面にぶつかった時、絶望という方向には行かず、「そのうち楽しいことも巡ってくるさ」と、何とか気分を切り替えていくことができる。そんな切り替えができるのは、「自分はここにいていいのだ」という確信があるからだと思います。この確信とは、自分のいのちを肯定する気持ちであり、信頼感なのでしょう。

一言付け加えると、この確信のことを「根拠のない自信」と表現する人がいます。「あの子は、特に優秀だとか、何か特別なことができるというわけでもないのに、根拠のない自信を持っている」などという先生の言葉を聞くことがあります。でも、根拠のないことなどあるはずがありません。根拠はあるのです。ただ、そのことを大人が理解できていないのです。改めて言います。根拠は共有体験の積み重ねです。家族や友だちなど身近な人と、何度も何度も感情を共有する体験をしてきたので、その子は「自分はこのままでいい」「自分は大丈夫」と自分が存在しているそのことに自信を持っているのです。

誰かと「いのちの体験」を共有できた子どもは、決して自らのいのちを絶とうとは考えません。自分はこのままでいい、自分は生きていていいと、何度も繰り返し感じてきています。つまり、自分のいのちの大切さを確信できているからです。

これまでも何度も繰り返したことですが、大きくなってからの大切な共有体験ができるためには、幼児期からの共有体験の繰り返しによって、そのことが身についていることが重要なのです。そうでないと、いのちの秘密を探す旅に、一人で出ていってしまうかもしれないのですから。

いのちは大切か、と問われればすべての人が「そりゃそうだ、その通り」と即答するでしょう。でも人類は歴史上、国をあげて大量殺人をおかしている国々もありましたし、現在でも同じことが繰り返されています。何かの利権のほうが、人のいのちよりも大切なのです。人のいのちよりも大切な、何かがあるのです。

私は思うのです。すべての人を、社会全体を、世界中を、「いのちは何よりも大切だ」という考えで支配することは不可能なのではないか。そこでは、人のいのちを「何か」と比較しています。いのちを「何か」と比較しているところに、根本的な間違いがあります。人のいのちは、比較できるものではないのです。存在することに、無条件で絶対的な意味があるのだと思います。

一人ひとりが、自分自身のいのちの大切さを確信することが第一に必要なことです。間違いなく、自分は生まれてきてよかった、今ここにいていいのだ、と信じられることです。私たち自身が、そして子どもたち一人ひとりが自分は生きていていいのだ、と信じられるようになること、それなら実現できるのではないか、そう考えています。すべての人が、そう心から信じられるようになったとき、そのときには世界から人のいのちを「何か」と比較するような考え方が消え去り、地球上からあらゆる争いや戦いがなくなるのだと思います。

エッセイ

# いのちの大切さ

## ◆いのちの重さは同じか

あらためて、いのちの大切さについて考えてみましょう。そんなこと、いまさら考えるまでもないと言われるかもしれません。確かに、そうかもしれません。

では、いつごろから、そう思うようになったのでしょうか。幼い子どもに、いのちの大切さを教えることができるでしょうか。教えなくても、そんなことはわかっているのでしょうか。「いのちは大切」と、親や先生に教えられた人もいるかもしれません。そんなふうに言葉で教えられてはいないけれどもわかっている、ということかもしれません。

そもそも、身体的ないのちはあらゆる生きとし生けるものに宿っています。草木も微生物も昆虫も動物も私たち人間も、同じようにいのちある存在です。では、それらのいのちの重さは等しいでしょうか。

いのちは大切だ、あらゆる生き物のいのちは、等しい重さを持っている、という言葉を聞いたことがあります。でも、決してそうではありませんね。私たちは、野菜を食べ、鶏を食べ、豚を食べ、牛を食べています。食べるということは、殺すということです。人間が生きるために、鶏や豚や牛を間違いなく殺しているのです。息の根を止めているのです。殺めているのです。

そして、殺されて死んだ動物の肉を、私たちはおいしいと言って食べています。これでどうしてあらゆるいのちの重さが等しいと言えるでしょうか。普通に考えるならば、人間のいのちの方が大切なのですね。だから、動物には死んでもらっているのです。

## ◆牛が人を食べますか

もし牛と人間のいのちの重さが等しいのだったとしたら、人が牛を殺して食べることもあるけれども、それと同じだけ人を殺して牛に食べてもらわなければなりません。

「ドラえもん」で知られた藤子・F・不二雄の作品に、『ミノタウロスの皿』（小学館、1995）という不思議で世にも恐ろしい物語があります。

主人公の宇宙船が故障して不時着した星で、ミノアという名の少女と出会います。人類だと思っていると、実はその星では牛にそっくりな種族が支配者で、人間に似た種族は愛玩用や食用などの家畜として飼われています。ミノアは食用として育てられていて、大祭の祝宴でのミノタウロスの大皿に載せられて、公衆の面前で活造りとして食べられるというお話です。

ありえないお話ですが、もし人と牛のいのちが同等の重さであるならば、人と牛が同じだけ食べたり食べられたりしているはずです。でも決して、そのようなことは起こりません。人が一方的に牛を食べるばかりです。牛に食べられた人の話は、聞いたことがありません。これで、どうしていのちの重さが同じだと言えるでしょうか。

## ◈自分を大切に思う気持ち

私は、これまで20年以上にわたって、子どもたちにいのちの意味を考えてもらうために、「いのちの教育」の実践と研究をしてきました。いのちの大切さを教えるのではなく、一緒に考えるのが「いのちの教育」だと考えています。

私自身、いのちの意味の本質がわかっていないからです。わかっているのは、先ほど述べたこと、つまり人と他の生き物のいのちの重さには違いがあるということだけです。

これまで様々な方法で、一緒に考える時間をつくったり、小中学校や高等学校での先生方の実践を見たり議論したりしてきました。そうした実践の成果は、何冊かの本（文献リスト参照）にまとめています。そしてたどり着いたのが、自尊感情を育むための活動です。これまでにも何度か触れましたが、自尊感情とは「自分を大切に思う気持ち」です。

「自分を大切に思う」というのは、「自分のいのちを大切に思う」と言い換えることもできます。自分が生まれてきたこと、そして今生きていること、これからも生き続けていくこと、そうした生まれてから死ぬまでの「いのち」を大切に思うことです。

ここで大切なのは、まぎれもないこの自分自身のいのちの大切さを考えていることなのです。自分のいのちを大切に思うこと、自分を大切に思う気持ち。それを自尊感情といいます。だから、今私にとっての「いのちの教育」は、自尊感情を育むことなのです。

繰り返しますが、すべてのいのちが等しく大切なのではなく、まずこの自分のいのちが大切（＝自尊感情）だということなのです。自分のいのちが大切なのと同じように、友だちのいのちも、お父さんお母さんも、先生もそしてすべての人間のいのちは大切なのです。その証拠に、私たち人間は人間以外の生き物のいのちを頂いて食べますが、人間のいのちを頂いて口にすることはありません。

でも、その出発点は、まず「自分のいのちは大切（＝自尊感情）」だということなのです。だから、自尊感情がしっかりと育まれれば、人が人を殺したり傷つけたりすることは絶対にありえません。

いのちはなぜ大切なのか、ここではそんな根源的で哲学的な議論をしてみました。でもこれは、あくまでも教育学者としての近藤卓の考えを開陳したにすぎません。すべての人が納得してくださるような考え、つまり正解ではないのです。ただ、時には初心に帰って、こうした根源的な議論をしてみても良いのではないかと思います。おそらく、私たちは誰もが、幼い頃にそうしたことを何度か考え、疑問に思い、生きてきたからに違いないからです。

それにしても、ミノアの活造りとは、身の毛もよだつようなおぞましいお話です。私は、宴席に出される活造りの刺身でさえ胸が苦しくなります。皿に乗せられた魚は、断末魔の苦しみからけいれんしています。苦しんでいる魚のその身を、笑いながら口にすることなどできないのです。

〈いのちの教育・文献リスト〉
近藤卓編著（２０１４）：『基本的自尊感情を育てるいのちの教育』：金子書房
近藤卓編著（２００７）：『いのちの教育の理論と実践』：金子書房
近藤卓編著（２００３）：『いのちの教育』：実業之日本社
近藤卓（２００２）：『いのちを学ぶ・いのちを教える』：大修館書店

（初出：『げんき』１６６号、２０１８年３月）

# いのちの大切さの伝え方

## ◆強烈な言葉

子どもは、大人を驚かせるようなことを、突然口にすることがあります。

「殺しちゃうぞ」

「死んでしまえ」

殺すとか死ねと言った言葉は、強い衝撃を与える言葉だということを知って使っている場合もあります。また、ただ単に友だちやテレビなどの真似をして、使っている場合もあるでしょう。

いずれにしても、そういう言葉は使ってはいけないということを、保育者や親は真剣に伝える必要があると思います。

「殺しちゃうなんて言わないでね。怖いし悲しい気持ちがするから」

「死んでしまえなんて、絶対に言わないでほしい。そんな言葉は聞きたくないの」

ここまでお話ししたように、幼い子どもたちは死の意味を私たち大人と同じように理解できているわけではありません。その子がまだ5歳以下なら、死ぬことと眠ることとの区別がつかない段階の可能性が高いので、死ぬということを私た

ちと同じように捉えてはいないと言ってもよいでしょう。

だとすれば、その違いをこんこんと説明しても、理解は難しいことになります。ですから説明や説得するのではなく、理解は抜きにしてでも、その言葉は使ってほしくないという大人の気持ちを伝えることが大切です。真剣に語る大人の様子から、子どもにもその思いは伝わっていくことでしょう。

## ◆してほしくない行動

言葉ではなく、行動でも心配なことがあります。例えば、園庭の隅っこでアリを踏みつけて遊んでいるような場合です。自分が踏まれたら痛いよね、アリさんだって同じなんだよ、としっかり伝えることが必要でしょう。ドアや引き出しで指を挟んだ時の痛さなどを思い出させることも良いと思います。

でも、アリを踏みつぶさないでと言っている大人が、同時に蚊を叩いてつぶしている時、子どもは疑問を抱くかもしれません。蚊だって、やっぱり叩かれたら痛いのに、なんで蚊は叩いていいの、というわけです。

あるいは、テレビのドキュメンタリー番組でキリンを襲って食べるライオンや、リスを襲う鷲の映像を見て、かわいそうだと思うかもしれません。魚や肉を食べる時に、なんで食べてもいいのかと疑問を持つかもしれません。

そんな時、食物連鎖のことを説明しても理解できないかもしれませんし、命を頂いて私たちも生きているということを話して聞かせても、どこまで納得するかわかりません。

しかし、大人が真剣に考えて行動しているのだということを、しっかりと伝えることには大きな意味があると思います。何の考えもなく、ただ気まぐれに遊び半分で生き物を殺しているのではない、その思いは間違いなく伝わると思うのです。

## ◆言葉の持つ力

最初に、刺激的で強烈な言葉についてお話ししました。言葉をどう使うかということは、子どもの心の発達の点からも重要な点です。言葉には、大きな力があります。言葉一つで人が動かされることがありますし、人を落胆させることも有頂天にさせることもできます。「会いたい」というその一言で、恋人は心ときめかすことでしょう。

つまり、子どもは言葉の持つ力を、この段階でいろいろに試しながら理解を進めていっているのです。「殺す」や「死ね」と同じように、「ウンコ」や「おチンチン」などの言葉を使うのも同じ理由です。周りの友だちや大人たちが、自分の発する言葉でうろたえたり喜んだり怒ったりすることで、言葉の持つ力を学ぼうとしているのです。

言葉を大切にし、胸の内の思いを豊かな言葉で表現し、考えをまとめたり想像力を膨らませたりしてそれを言葉で表現できる、豊かな心を持つ子どもが、こうして育っていくのです。

そもそも、あらゆる「考え」は言葉で表現されて初めて考えることができます。言葉がなければ、考えることもできませんし、まとめることもできません。その結果、人に伝えることもできないのです。

「思い」は、言葉がなくても伝えられます。表情や身振り手振りなど、非言語的な表現で「思い」は十分伝わります。じっと目を見つめているだけで、好きだという思いは間違いなく伝わります。

しかし当然のことながら、人間社会は「思い」だけで成立し、「思い」だけで動いているわけではありません。「思い」で結ばれた二人も、実際の生活では経済のことをあれこれと具体的に「考え」なければ生きていけません。

そこで重要になってくるのが、言葉なのです。言葉の力も、その限界性も、その有効性も危険性も十分に理解してこそ、豊かな社会生活ができるのです。

## ◆道具としての言葉

いじめで死を考えていたという女性の話を、随分前に新聞の投書欄で読んだことがあります。高校生のころ、いじめられて、学校に行くと机の中や下駄箱の中などに、「死ね」や「しね」あるいは「シネ」と書かれたメモが置かれていたそうです。何枚も何枚ものメモに、次第に追い込まれていきました。

そしてある晩、自分の机の上にたくさんのメモを並べて、もう自分は死ぬしか道がないと思い詰め、泣きながらノートにそのメモの字をなぞっていったのです。「死ね、しね、シネ…」と書いていきました。

そしてローマ字で書かれた「shine」というメモを書き写した時に、突然頭にひらめいたのです。これは、ローマ字の「shi - ne」ではなく、英語の「shine（シャイン）」つまり「輝け」と言っているのではないか。あなたはもっと前向きに輝きなさい、そう言っているのではないか、そう思った瞬間に目の前が明るく開けた気がしたそうです。

あやうく自分は言葉につぶされそうになったけれども、言葉は人間が作った道具に過ぎない。道具は人の役にも立つけれども、その道具で傷つけられもする。

言葉という道具を、正しく使いたい。言葉によって人を傷つけたくない。その女性の投書は、そんな言葉で結ばれていました。

（初出：『げんき』163号、2017年9月）

# 共存する「いのち」

## ◆鳥、虫、けもの

わが家の小さな庭には、毎日たくさんの野鳥がやってきます。紅葉の木の下と、2階の窓のところに、小さな餌台を置いています。朝そこに、ヒマワリのタネやアワそしてパンの耳などを置いておくのです。

やってくる数で一番多いのは、やはりスズメです。20羽くらいの群れでやってきます。お目当ては、餌台のアワです。2羽か3羽でやってくるのはキジバトです。アワも食べますが、パンの耳がお気に入りです。

その次がシジュウカラです。やはり2、3羽でやってきて、こちらはヒマワリのタネが大好きです。餌台から、お気に入りの一粒を見つけ出します。一つだけ選んでくわえたものを、少し高い木の枝に持っていきます。そこで足で押さえて、くちばしでつついて小さく砕きながら食べています。数分かけて、一つのタネを丹念に食べています。ヤマガラも同じようにして、ヒマワリのタネを食べます。

ムクドリやヒヨドリも集団でやってきて、ピーピー、ヒヨヒヨと鳴きながら地面の虫などをつついて食べています。オナガの軍団は無言ですが、グレーの大きな体に凄みがあります。他にも、可愛らしいメジロやカワラヒワなど、様々な野鳥が次から次へとやってきます。

家の周りには、世間から厄介者にされているカラスたちももちろんいるのですが、わが家の小さな庭には入ってきません。野鳥たちの邪魔をしてはいけないと遠慮しているのかと思いましたが、どうやらそうではないようです。

彼らほどの大きさになると、この小さな庭では離陸や着陸に少し広さが足りないようなのです。道路の向こうの電線や、隣の家の屋根からこちらを恨めしそうに見ているばかりです。「アホー、アホー」と悔しそうに鳴いています。

庭の木々や地面の落ち葉や野草に紛れて、虫や鳥や小さな命が生き生きと暮らしています。石ころの下には、ダンゴムシやムカデなどもたくさんいますし蛇や蛙もいます。木々や地面の落ち葉や石ころと、虫や鳥たちが一体となって小さな世界を作っています。こうして原稿を書いていると、鳥たちが目の前の餌台に次々とやってくるので、彼らを見ているとなかなか仕事がはかどりません。それにしても、平和な小さな世界です。

## ◆異物を排除する？

ところがある日、そんな小さな世界に新参者が現れました。今までに見たことがないような、色あざやかな緑色の羽をまとった、大型のインコです。ヒヨドリより一回り大きいくらいの体に、長い尾を付けています。しかも彼らは10羽近くの集団でやってきます。それまでの静寂が突然破られます。色も派手で目立ちますが、動きも激しいし鳴き声もけたたましく、しかも互いに順番を争って喧嘩をするのです。

体も大きく数も多いので、シジュウカラの好物のヒマワリのタネが、あっという間に食べ尽くされてしまいます。シジュウカラが、あれほど丹念に砕いて時間をかけて味わっていたタネを、あっという間に一口で飲み込んでしまう感じです。そこで、餌台の家主として一計を案じました。餌台に低い屋根を付けて、大きなインコが潜り込めないようにリフォームしたのです。餌台にやってきても、屋根の上にとまっているだけで、確かにインコは食べられないようでした。ところが、シジュウカラもやってこなくなってしまいました。いつまでたってもやってこないのです。

屋根がついて、ヒマワリのタネが上から見えないからなのか、屋根があやしいワナのように見えるのか、とにかくやってきません。数日そのままにして観察していましたが、一向にシジュウカラが来ないので、仕方なく屋根を取り外して、元の通りに戻しました。そうして翌日、ようやく彼らが戻ってきてくれたのです。

シジュウカラを守ろうとして、新参者、外来者を異物としてインコを排除しようとしましたが、それはどうも間違っているのかもしれません。シジュウカラさえも排除してしまうことになってしまったのです。彼らなりに、お互いの存在を認め合って、棲み分けをしているのかもしれないのですね。

## ◆共存するとは

そもそも、私たち人間が新参者で、野鳥たちが暮らしていた自然な野山を開拓してしまったのかもしれないのです。我が家の近所を散歩すると、土手の斜面から縄文式土器のかけらを見つけることができます。この土地には、数千年前から人間が住んでいたのです。

ただ私たちの祖先は、野鳥や動物たちと、限りある食べ物を分け合って暮らしていたに違いありません。持続可能な暮らしを、まさにこの地で営んでいたのでしょう。それに比べて、現代の私たちはどうでしょう。土地の大半をコンクリートの道路と建物で塞いでしまって、小さな庭としてほんのわずかな地面を残しているだけです。餌台の餌にしても、彼らのためのものではありません。私自身の楽しみのために餌を置いているのです。なんと勝手な生活をしているのでしょう。

ウイルスの感染症を避けようと、家に閉じこもっている時間が多くなりました。もう数年にわたって、そんな生活が続いています。これまでの人生で経験したことのない時間を過ごしています。

だからなおさら、この小さな地面を虫や鳥や獣たちと分け合っていかなければならない、そんな気持ちが湧いてきたのかもしれません。この世界を持続可能なものにするために、私たちはどう生きるべきなのでしょうか。

ウイルスは、生き物に寄生して生きているそうです。「ウイルスは単独では何もできない。ウイルスは細胞に寄生することによってのみ複製する」（福岡、2007）。寄生した生き物を殺してしまっては、ウイルスとしては元も子もないわけです。ウイルスは、私たちと共に生きようとしています。共に生きようとしているウイルスと、私たちはどう共存していくべきなのでしょうか。

ウイルスに打ち勝つとか、一網打尽にしてしまうとか、異物として排除するのは間違っているのかもしれません。いのちの意味を、あらためて考え直す機会なのかもしれません。

**参考文献**

福岡伸一（2007）．『生物と無生物のあいだ』．講談社

（初出：『げんき』184号、2021年3月）

# 一緒に暮らす

## ◆とりかえる

これで何台目になるでしょうか。私が初めて携帯電話を手にしたのは、今から四半世紀以上も前の1995年のことでした。その後、数年ごとに買い替えて現在に至っています。そして最近、4年ほど使っていた携帯電話の動作が怪しくなってきました。画面には保護膜を貼り付けて、さらに保護容器に収めて使っていたのですが、それらもずいぶん傷んできたので、思い切って裸にしてみました。なんだか生まれ変わって、まるで新品になったようで嬉しかったのですが、それも束の間でした。次の日に、外で使っている時に地面に落としてしまいました。あっという声も出ませんでした。拾い上げてみると、見るも無惨に画面が粉々に割れています。

仕方なく、翌日早々に電気店に駆け込んで、最新型の電話機を手に入れました。今や、顔認証です。眠っていた電話機は、私の顔を認識するやいなや、瞬時に目覚めるのです。驚くばかりです。写真の写りも、これまでより格段に良いようです。電池の持ちも良いし、維持費も随分とお手頃になりました。良いことづくめ

ですが、その分の皺寄せがどこかの誰かに行っていないのか心配になります。

## ◆やるかやられるか

テレビドラマは、私にとって大切な夜の娯楽の一つです。作り事だということがわかっているので、安心して架空の世界に入っていけます。ありえないような設定を、ありえないような役者さんが、ありえないような演技で物語を進めていきます。ありえないことの積み重ねなのに、それらの相乗効果でしょうか、いつの間にか現実にありそうなことのように思えてきます。実に不思議ですが、そこが面白いのだと思います。

そんなドラマの中でも、大河ドラマは力が入っていて面白さが段違いです。脚本、音楽、役者と実に充実した陣容です。2022年は、鎌倉時代の物語です。ただ、主人公は源頼朝ではなく、田舎侍の北条義時という人物です。

頼朝はもう少し高貴な感じが欲しい、政子の小池さんははまり役だ、新垣さんも端正な表情で微妙な心理を表現されているし、何より音楽が良いなどと、好き勝手な評論をしながら見ていました。

しかし物語は、武士の世界の覇権争いです。はっきりと言えば殺し合いです。相手方を抹殺することができた方が勝者であり、正義なのです。私は、物語についていくことが、少しずつ苦しくなってきました。

特に決定的だったのは、主人公の義時が、怯えながらも戦いに加わり、父親と共に敵の大将を討ち取った場面でした。大将の首を、頼朝の元へ持ち帰らなければなりません。そのためには、死体から首を切り離す必要があります。けれども、義時はできないのです。見かねた父親が、極めて事務的に、死体の首に当てた刀に自分の体重をかけて切り取ります。

こうして、書いているだけで私は辛くなってきました。口の中が乾いて、胸が苦しくなってきました。人は、なぜこのようなことをするのでしょうか。800年も前のことだ。武士の世界のことだ。そう片付けられない、そんな思いが募ってきます。

現に、この原稿を書いている今まさに、世界では800年前と同じことが進行しています。なぜ、相手を殺さなければならないのでしょうか。なぜ、排除しなければならないのでしょうか。

## ◆がらくたかも

機械である電話機は、壊れたらその部分を入れ替えたり、全部を新品と交換したりすることができます。現に、私はそのようにしてきました。それでも、何年かいつも肌身離さず使っていた電話機との別れは、少しばかり感傷的になります。そんなわけで、書斎の戸棚には、今では使わなくなった携帯電話が並べられています。

使わなくなった物を捨てて、できるだけすっきりとした生活を推奨するような考え方もあります。確かに、使わなくなった携帯電話をとっておくことに、どれほどの意味があるのでしょうか。他人を説得できるほどの理由は思い当たりません。

ただ、私としては、居住空間が圧迫されて足の踏み場がなくなっても、捨て難いものがあるのです。それらは、私自身の生きてきた時間そのものなのかもしれません。

今身近においてあるもので一番古いものは、壊れかけた四角い大きな鞄です。生まれたばかりの頃から、年に一度ほとんど一昼夜をかけて列車の旅をして、両親の生まれ故郷の四国まで里帰りをした時に使われていた鞄です。少し大きくなってからは、混雑した列車の中で、私はその鞄に腰掛けていたのを思い出します。

次に古いものは、幼稚園に通っていた頃に買い与えられた、小さな椅子と机です。いずれもコの字型の木製で、椅子は一辺が25㎝、机は一辺が40㎝ほどの可愛らしいものです。組み合わせて、電車遊びをしたりしました。娘が生まれてからは、彼女が同じようにして使っていたものです。今では、踏み台に使うくらいですが、ずっと身近にあって生活の一部にしみ込んでいます。

## ◆一緒に

今私のそばには、こうした古い鞄や小さな踏み台とともに、最新型の電話機があります。私としては、共存していると思っているのですが、人はがらくたの山に囲まれているというかもしれません。

何かを付け加えることで、魅力を発揮したり生まれ変わったりすることがあります。あんこに隠し味として塩を加えるように、調味料を良い塩梅に加えることで、美味しくなります。逆に、取り除くことで、素の素晴らしさが再認識されるということもあります。

人々の顔からマスクが取り除かれた時、この世界がどれほど素晴らしい世界だったのかを再認識する、いつの日かそんな感動的な瞬間が訪れるに違いありません。笑顔もあれば、仏頂面もある。良い奴もいれば、嫌な奴もいる。そんなありのままの世界が訪れることを、楽しみに待ちたいと思っています。

それは、ウイルスを排除したり、相手を抹殺したりすることで実現するのではありません。一緒に暮らすことこそが、平和への道なのだと思います。

（初出：『げんき』191号、2022年5月）

第４章

# 大人の自尊感情を育てる

## Q.7

**保育士として働き始めて3年になります。何年経っても仕事に自信が持てませんし、最近、日常が忙しくて担当クラスの子どもの成長を見ても心が動きません。このままでもよいのかどうか、心配です。**

## A.7

まず、何年経っても仕事に自信が持てないということに、老婆心ながら個人的な経験から一言私見を述べさせて頂きたいと思います。私は大学を出てから、50年以上にわたって教師として仕事を続けてきましたし、今も続けています。ところが、まさに「何年経っても」仕事に自信が持てません。毎日毎日、あれで良かったのだろうか、もっと良い方法があるのではないか、なぜあんなことを言ってしまったのだろうなど、不安や後悔の毎日です。あくまでも私の個人的な経験ですが、少なくともこの世界に一人はこんな人間もいるということをお伝えしておきたかったのです。

さて、「子どもの成長を見ても心が動きません」というのは、確かに悲しく寂しい

ことです。仕事に就いたばかりの頃は、そうではなかったのだと思います。「最近、日常が忙しくて」とおっしゃっていることから、就職の当初はそうでなかったことがわかります。

この言葉からもう一つ読み取れるのは、「日常が忙しくて」という理由づけです。保育の仕事にも、情報化や効率化の波が押し寄せていることでしょう。さらには働き方改革やそれに伴う生産性の向上を求める動きなどで、保育の仕事の現場に様々な皺寄せがきていることは想像ができます。それで「日常が忙しい」というのは確かなことだと思います。

しかし保育の場でもっとも大切なことは、言うまでもなく子どもとの「関わり」であり、子ども同士の「関わり」を援助することだと思います。「関わり」には二つの方法があることを、本書では繰り返し述べてきました。向き合う関係と並ぶ関係です。子どもと向き合って、子どもをしっかりと見て褒めたり叱ったりすることで社会的自尊感情が育まれます。子どもと並んで、一緒に笑ったり泣いたりすることで基本的自尊感情が育まれます。

向き合って子どもを見て褒めれば、子どもは笑顔になります。叱れば、シュンとうなだれるでしょう。つまり、子どもを見る視点では、その効果がわかりやすいのです。実践者であり観察者であるという視点が優位だからです。保育者として何か仕事をしたという実感を持ちやすい、と言ってもいいでしょう。そして今、こうした実感を持つ機会が減っていると悩んでおられるのではないでしょうか。
それに対して並んで一緒に笑ったり泣いたりした時には、保育者である自分自身が笑ったり泣いたりしています。いわば当事者であって、その点では子どもと同列にいます。実践者や観察者という視点が影に隠れてしまいます。でもそのこと自体が、とても大切なことです。子どもとあなたが感情を共有しているからです。共有体験では、二人は同列です。言い換えれば、子どもの基本的自尊感情が育つだけでなく、大人である保育者のあなたの心の中心でも基本的自尊感情（ありのままの自分）が育まれているのです。

職について3年ということですから、向き合う関係、観察者の視点から、並ぶ関係、子どもと感情を共有する視点に重点を移して行ってはどうでしょうか。日常の業務で忙しい中でも、ほんの一瞬で良いのです。一瞬でも子どもと一緒に笑ったり泣いたりできれば、それで十分子どもの心は育っているのです。もちろん、あなた自身の心の中心でも。

→　詳細はp.205へ

# Q.8

保育実習中の学生です。実習先が、いわゆる「不適切な保育」をしているところを見かけました。子どもが好きで就いたはずの職業なのに、なぜこんなことになるのか、就職したら自分もそうせざるを得なくなってしまうのか、不安です。

# A.8

「不適切な保育」の事態は、今とても大きな社会的な問題になっています。待遇・ストレス・閉鎖性などの、いわば構造的な問題が背景にあるかもしれません。ですが一方で、同じ状況で仕事をしている保育者が、すべて「不適切な保育」をしているわけではありませんね。その違いの理由の一つは、保育者の自尊感情のありようにあるのではないかと思います。

例えば、待遇の点で強く不満を感じているとしましょう。世の中には、自分よりもっと高収入で幸せそうに暮らしている人たちがいるのに、自分はなぜこんな状況で苦しまなければならないのだと不満を募らせています。他者と比較して、自分はます。

駄目だと落ち込み不満を感じています。社会的自尊感情（すごい自分）が凹んでいます。

現代社会は、とにかく上を目指して向上していくこと、成功すること、勝つことが重要視される社会です。すごい自分を確認できないと、気分が落ち込んでしまいます。うまくいかない時のことを、心が凹むとか、心が折れるなどと表現されることもあります。

凹んでいるのは、社会的自尊感情（すごい自分）です。それは、他者との比較によって膨らんだり凹んだりします。誰かと比べること、つまり相対的な比較から生まれる感情です。上を見ればきりがありません。上には上がいます。自分なんて駄目だ、と落ち込んでしまうのも無理はありません。そんな時、ふと気づくのです。下を見たら、自分より無力で無知で小さな存在がいた。自分の方が力を持っている。自由に支配し、コントロールすることができる。そう気づいてしまうのです。

自分は、広い社会では相対的に力が認められなかったかもしれない。全然「すごい自分」じゃない。けれども目の前の子どもを支配し、自分の能力の大きさ高さが確認できた時、その場、その時だけにしても「すごい自分」になれるのです。悲しく、切ないことですが、これが子どもを虐待する大人の心理の一つだと思います。

では、同じ境遇で仕事をしていながら、「不適切な保育」をしない人はどういう人なのでしょう。それは社会的自尊感情（すごい自分）を過度に重要視していない

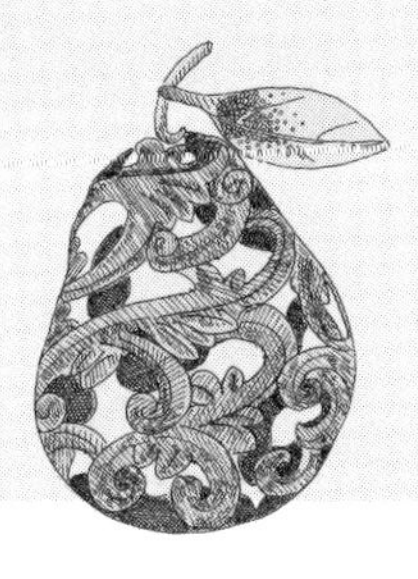

人です。なぜ重要視しないでいられるのでしょう。それは、基本的自尊感情（ありのままの自分）がしっかりと育っているからです。そういう人は、豊かな感受性と共感性を持っていて、誰とでも一緒に笑ったり泣いたりできること、そのことによって何枚も何枚も共有体験の和紙を積み重ね糊付けしてきたのです。

保育者にとって、何かができること、たくさんの知識を持っていること、特別な能力を持っていること、そうしたことも全く無駄ということはないと思います。でも、もっと大切なこと、なくてはならないことは、子どもや仲間や様々な人たちと、一緒に笑ったり泣いたりできることです。何よりも大切なことは、共有体験だからです。

→ 詳細はp.199へ

# 解説

## 1　共有体験の本質

　ここまで、子どもの自尊感情の育て方を見てきました。ですが、自尊感情は子どもだけではなく大人にとっても大事です。それは二つの理由から言えることです。

　第一の理由は、自分自身の日々の生活にとって大切だからです。社会的自尊感情（すごい自分）と基本的自尊感情（ありのままの自分）がしっかりと育まれていれば、社会的自尊感情が凹んだ時に基本的自尊感情がしっかりと心を支えてくれます。つまり、日常の家庭生活や社会生活でうまくいかないことや失敗することがあっても、基本的自尊感情が働いてどこまでも落ち込んだりすることがないのです。

　第二の理由は、子どもとの関係において重要なことだからです。社会的自尊感情は他者との比較によって、高まったり低下したりする感情です。ですから、うまくいかないことがあったりすると、みんなはうまくできているのに自分は駄目だと感じて、社会的自尊感情は凹みます。そんな時、身近に子どもがいたらどうでしょう。仲間や同僚などと比べたら駄目だけど、幼く無力な子どもよりは自分の方が力があるし優れている、と子どもを自分の社会的自尊感情を高めるために利用してしまうかもしれません。子どもを見守り育まなければならない大人が、自分の力の確認のために子どもを利用するなどということは、あってはならないことだと思うのです。そのことが行き過ぎると、虐待などの悲惨なことが起こる恐れさえあります。

さてそういうわけで、大人にとっても自尊感情はとても大切です。では、大人の自尊感情はどうなっているでしょうか。じっくりと考えていきたいと思います。

## ★ 共有体験の練習

ここで、自尊感情を育む共有体験と、「愛」についてお話しします。

エーリッヒ・フロムという精神分析学者は『愛するということ』(紀伊國屋書店)という本で、愛の意味を語っています。その愛とは、私の言葉で言えば共有体験のことです。

フロムは、愛つまり共有体験をいくつかに分類しています。もちろんその一つは、身近な信頼できる人と一緒に同じ思いを感じることで、これこそが完全な形の共有体験、つまり愛そのものです。

二つめは、音楽を聴くことや、物語を読むことです。その時に感じる思いは、その音楽や物語の作者との共有体験です。この場合は、残念ながらその場に作者がいないので、不完全な共有体験です。誰にでも、愛唱歌や愛読書があるのではないでしょうか。悲しい時や辛い時に、思わず口ずさむような歌が、心を鎮めてくれたり慰めてくれたりします。

三つめは、花を育てたり、野山へ出かける体験、つまり、自然と一体となり自然を愛することです。これも、大きく心を揺さぶられる体験です。でも、やはり、生身の人との共有体験とは違って、不完全な体験です。それでも、自然と一体となった時に、私たちは心身の深いところで、癒され慰められる思いがします。

そして四つめは、祝祭的な集団の中に身を置くことで、他者と一体となるような体験です。スポーツの観戦や、音楽のライブ・コンサートなどのように、多くの人たちと共に笑ったり悔しがったり、感情を共有するような体験です。これも、身近な信頼できる人との共有体験とは違って、不完全な共有体験、愛の体験です。でも、一時はすべてを忘れて、周りの人たちと一体となった喜びに満たされます。

そうした不完全な体験にも、大きな意味があります。それらを繰り返し体験し、経験を重ねることで、孤独から解放され、一時的にせよ、自分は一人きりではないと思えるかもしれません。そして生活に、多くの潤いが得られます。また、共有体験の練習にもなっています。

そして、完全な共有体験への渇望の思いが、より強くなります。身近な信頼できる人との完全な共有体験、つまり愛の体験を通して、自分を丸ごと受け入れることができると、フロムは述べています。これこそが、基本的自尊感情を育むということなのだと思います。

## ★生きることへの疑問

この愛や共有体験を、人はなぜ求めるのでしょう。フロムによれば、それは人が孤独だからです。人は生まれながらに孤独です。どうして生まれてきたのか。なぜ生きているのか。死ぬとはどういうことなのか。何もわからないまま、孤独に生き続けなければなりません。

ある日突然、自分がこの世に生きて存在していることを自覚するのです。なぜここにいるのか、これは現代人にとっての大問題です。

かつては、これが問題になることはありませんでした。ある国のある地域のある家庭に生まれたら、有無を言わせずそこで暮らしそこで老い、そして死んでいくしかなかったのです。逆に言えばそこに生まれそこで暮らすことに、何の疑問も感じる必要がなかったのです。自分は何者で、なぜここにいて、どこからきてどこへ行くのか、そんなことは考える必要もないし、考える余地もなかったのです。生まれた場所で、その場での共同体の一員としての存在の意味が明らかでしたし、その場にいる意味も義務もありました。皆で力を合わせて、共に働き苦楽を重ねていく中で基本的自尊感情は当たり前に育まれていました。だから、ありのままに、あるがままにそこで生きていて良かったし、言い換えればそこで生きていくしかなかったのです。

ところが現代社会では、事情が全く異なります。なぜ、ここにいるのか、いなければならないのか。自分は何者で、これから先どうなっていくのか。人々は、疑問だらけの毎日を暮らしています。逆に言えば、どこにいてもいいのです。村でなくても都会でも構わないし、この国のこの場所でなく海の向こうのどこかでもいい、そんな選択の自由があるのです。そもそも、なぜ生まれてきたのか、なぜ生きているのか、生きていかなければならないのか、その理由がわからないのです。

そんな時、愛することによって、生きることの意味が丸ごと理解できるのだ、とフロムは言ったのです。私は、愛を共有体験と言い換えました。共有体験によって、基本的自尊感情がしっかりと育まれていると、自分自身が生きていくことに何の疑いも持たないでいられるというわけです。

もちろん、そんな人であってもうまくいかないことや、失敗することもあるでしょう。しょげたり落ち込んだりすることもあるでしょう。でも、だからと言って、自分が生きていることに疑問を感じたり、生きている意味がないなどとは思ったりしません。心の一番中心にある基本的自尊感情が、あなたをしっかりと支えてくれます。次に頑張ればいいんだと明るい方向に切り替えられるので、立ち直りも早いでしょう。打たれ強く、心の回復力が十分に強いのです。

## 2 もし自尊感情を持てなかったら……

### ★サディズム

仲間や身近な人と共にいたいという気持ちは、いのちの秘密を知りたいという欲望につながっています。『愛するということ』の中で、フロムは、まさに愛することこそがいのちの秘密を知る方法であると述べています。愛することで、生きていることの意味が丸ごとわかるというのです。

一方で、いのちの秘密を知るための絶望的な方法があるとして、次のように述べています。「それは、他人を完全に力で抑え込むことである。（中略）それによって、その人は一個の物になる。私の物、所有物になるのだ。人を知るためのこの方法を極端にまで推し進めると、サディズムになる」。

２０１７年10月に、社会を戦慄させる事件が明らかになりました。27歳の男が、わずか2ヶ月ほどの間に男女９人を殺害し、その遺体を解体・損壊して、自宅アパートの部屋に保管していたというのです。身の毛もよだつというのは、こうした事件のことをいうのでしょう。本当に、話題にすることも避けたいような、凄惨で

悲惨な事件です。

逮捕後の取り調べの中で、容疑者はその動機を明らかにしていないようです（2017年11月27日現在）。当初は、金品を奪う目的があったなどとも供述していたとのことですが、その後の取り調べの中では動機が明らかになっていないといいます。

筆者は、その動機の少なくとも一部には、先に述べたようなサディズムがあったと考えています。フロムも言っているように、子どもが虫を殺したりするような行為は、いのちの秘密を知りたいという根源的な欲求に基づいています。力で支配して、命あるものを自分の自由にすることが、サディズムの究極の目的です。そして、いのちの秘密を探すために、体を切り刻み解体するのです。

前章で述べたように、10歳から12歳を中心とした時期に、多くの子どもは「いのちの体験」をします。その際に、いのちの秘密の問題を棚上げにできなかった時、その秘密を探し求める道を、子どもは一人で突き進んでいくことになるのです。そしてそのうちの幾人かは、最後の究極の絶望的な結末まで行ってしまうかもしれません。

## ★いのちの秘密

ショートショートと呼ばれる、短い形式の小説で一世を風靡した、星新一という作家をご存知でしょうか。ブラックユーモアとも評される、読後に独特の苦い味わいの残る示唆に富んだ作品がたくさんあります。その中でも、私は「暑さ」という一片のお話が強く心に残っています（星新一『ボッコちゃん』所収、新潮文庫、1971）。

暑い夏の日の交番に若い男がやってきて、昨年の夏の日に猿を殺したので逮捕してほしいというのです。話を聞いていくと、子どものころから暑さに弱く、ある年の夏の日にアリをつぶして殺して気分がすっきりしたことがきっかけで、翌年から一回り大きな生き物を殺し続けてきたというのです。

そして一昨年の夏に犬を殺して、秋口には猿を飼い始めました。しかしこれほど可愛い猿を殺したくはないと思っていたけれども、結局去年の夏の暑さに負けて猿を絞め殺してしまったというのでした。話し終わって帰ろうとする男に、巡査は何気なく家族はいるのかと声をかけます。男の返事は、去年の秋に結婚した、というものでした。

だから、逮捕してほしいということだったのです。殺人を犯してしまう前に、とにかく逮捕してほしいという悲痛な思いだったのです。

この物語を読んだ時に真っ先に思ったのは、最初にアリをつぶして殺したのは10歳から12歳の頃だったのではないかということです。いのちの秘密を知りたい、自分はなぜ生きているのか、生きるとはどういうことか、死んだらどうなるのか、そうした疑問が心を占める「いのちの体験」をしていたのではないかと思います。そして、その疑問を誰にも語れず、一人でいのちの秘密を探し求める旅に出てしまったのです。

## 3 共有体験の大事さ

### ★自尊感情と孤独の関係

人間は、仲間や誰かと共にいたいという気持ちが強いものです。それは違う、自分は一人がいいという声も聞こえてきます。でも、本当にそうでしょうか。少なくとも、人は誰かに依存しなければ生きられません。着るものも食べるものも、身近にあるあらゆるものは、どこかの誰かが作り用意してくれたものです。それは言い換えれば、わたしたちは他者に依存して生きているということです。無人島で、衣服も身につけず野生動物のように暮らしていれば話は違いますが、現代社会に生きている私たちは、身の回りのたくさんの物の背後にいる、たくさんの人たちと共に生きているのです。

誰かと共にいたいということを言い換えれば、孤独に耐えることの苦しさが大きいということです。そうした意味では、人には本能的に身近な人と世界を共有する能力が備わっている、ということかもしれません。親に愛され、自分も親を愛しているという確信が持てれば、子どもたちは安心して生きていけます。

それでも時には、自分はなぜ生きているのだろう、この先どうなっていくのだろうと、根源的な疑問が心ににじみ出てくることもあります。そんな時、人は無意識のうちに、困難な日常を何とか明るい幻想に置き換えようとします。その一種の幻想を抱いているからこそ、人は暮らしていけるのです。人間というものは、幻想を持っていなければ生きていけないほど弱い生き物なのだと言うと言いすぎでしょうか。

基本的自尊感情を別の言葉で言い換えれば、日々を楽しく生きるための幻想を生み出す心の働きだと言ってもいいかもしれません。楽しく生きるための幻想を、ポジティブ・イリュージョンと言います。

例えば、第2章で、就学前の子どもは死の「不動性」については理解するけれども、

「不可避性」と「不可逆性」については理解していないとお話ししました（p.140）。幼い子どもは、動かないことと死んでいることは同じなのだと、本当に信じているのです。この年齢のころに、心から信じることは大切なことです。サンタクロースは、確かにいるのです。亡くなって横たわるおばあちゃんは寝ているだけで、やがて起き上がって遊んでくれるのです。

信じているそのことを、夢と言います。夢を持たない人生は空虚です。幻想かもしれません。でもそれこそが、人生で一番大切なよりどころであり、力となるのです。

しかし、幼い頃からポジティブな幻想を持たされずに暮らして、そうした確信が持てない時、子どもは裸のままで厳しい現実とだけ向き合っていかなければならなくなります。そして、豊かな環境の中で暮らしているにもかかわらず、自分に自信が持てず、自分のいのちを本当に大切だと思う感情が希薄です。自分の無限の未来と可能性を信じることもできず、生きている価値が見出せず、ここにいていいんだという心のやすらぎを得られぬままに、「生きていても仕方ない……」と、ひとりぼっちで悲しい結論を出してしまいかねません。生きることの意味、いのちの意味、そして死ぬことの意味を、一人で探索する孤独な旅に出かけることになるのです。

なぜ、そのようなことになってしまうのでしょうか。

# 4 「すごい自分」ばかりに価値が置かれる現代

## ★まず「ありのままの自分」を

自尊感情は、共有体験を重ねることで育まれます。これだけでは、誤解が生まれるかもしれません。もう少し詳しく言えば、基本的自尊感情（ありのままの自分）は共有体験（誰かと一緒に泣いたり笑ったりする体験）によって育つのです。そして、社会的自尊感情（すごい自分）は他者より優れていることが確認されたときに高まります。

現代は社会全体、世の中全体が、「すごい自分」に価値をおいて、頑張れ頑張れと大合唱をしているような時代です。しかし、繰り返しになりますが、自分を大切に思う気持ち（自尊感情）は、「すごい自分」という気持ちだけで成り立っているのではありません。「ありのままの自分」という気持ちこそが、今いちばん大切な気持ちだと言うべきでしょう。

「ありのままの自分」が育まれる過程で、共有体験をたっぷりしてきた子どもは、日常のちょっとした様々なことにも、興味と関心を示します。共有体験をたくさんしてきている子どもは、なんといっても感受性が豊かです。

「どうして、蝶々の羽はこんなに綺麗なのだろう」

「なんで、雲は白くて空は青いのだろう」

と、「不思議の世界」で生きているのです。

感動すること。興味を持つこと。知りたいと思うこと。つまり、流行りの言葉で言えば「非認知能力」が高いのです。

でも、蝶々の羽や雲や空の色など、気にもとめない子どももいます。

「蝶が綺麗なのは蝶だからだし、雲は白いものと決まっている」と、事実を事実として認識し知識は持っています。「そんなこと、僕は知っているよ」と知識を蓄えることに価値を置いています。知識の量が多いほど尊重される、と教えられているからです。

でも今や、知識の量ではコンピュータには誰もかないません。それどころか、コンピュータは知識を組み合わせて、新たな知識を生み出すことさえできるようになっています。チャットGPTを代表とする、生成AIの出現です。驚くべき能力です。知識の量と、それらを使って新たな知識を構築する能力は、絶対的に人間の能力を凌駕しています。

生成です。創造です。これまでの知識を組み合わせて、新たな知識を生成しているのです。もう人間は、こうした活動ではコンピュータにはかないません。では、人間はコンピュータの元に平伏して、指図される立場に甘んじなければならないの

でしょうか。

そうではありませんね。蝶の羽が綺麗だと、子どもはどうして感じるのでしょう。目で見て、その場の空気を吸って、蝶の羽や草花に手を触れ、木々のざわめきを聞いていること、そして何より横に共に蝶に目をやっているお母さんがいるからなのです。

この五感を通した共有体験こそが、人間にとって最も大切な能力なのだと思います。ＡＩには絶対に越えられない、人間の人間らしさなのです。

同じこの世界に生きていながら、何もかもわかりきったように、何も不思議に感じないで当たり前に生きている子どももいます。その子にとっては、不思議なことは何もない、逆に言えばその子の身の回りは、何も面白みのない平板な世界です。一方で、すべてが不思議で仕方がない子どもがいるのです。

## ★「不思議の世界」

第１章で、「ありのままの自分」がしっかりと育まれた子どもには、「ありのままの自分」が形作られる過程で、「すごい自分」はおまけのように、後からついて来ると書きました。共有体験をたっぷりしてきていると、感受性が豊かで、五感で感じるすべてのことが不思議なことばかりです。

しかも、ここが大事なところですが、生まれたばかりの頃は、100%すべての子どもが「不思議の世界」で生きていたのです。当たり前ですが、生まれたての子どもにとっては、すべてが初めて見聞きするものばかりですから、何もかもが不思議だったのです。そして、自分自身の直接見聞きする体験、つまり極めて個人的で主観的な、自分のこの体が感じ取る、いわば身体感覚で身の回りの世界を感知しようとしていました。

例えば、乳児にとって、確かで中心的な感覚は味覚です。ほかの感覚は未発達です。だからなんでも口に入れて確認しようとします。世界は、口が届く範囲に限られています。とても狭い世界です。この段階は、この世界を信頼できるものとして受け入れる（基本的信頼）ための、とても大切な時期です。

ここをうまく過ごせると、子どもは次の段階に進んでいきます。つまり、五感で世界を感知する段階を一歩一歩進んでいきます。味覚の次は触覚です。手足が届く範囲です。お母さんや身近な養育者の手足や体の手触りを大切に心に刻み込みます。

次は嗅覚です。お母さんやお父さんの匂いかもしれません。寝床の匂いかもしれません。いつまでも懐しく感じる、幼い時期に暮らした場所の匂いです。

そして次は聴覚です。お母さんやお父さんの話し声や歌声かもしれません。家の中で流れている美しい音楽の音色かもしれません。そして、最後に視覚の段階になります。遠くからお父さんやお母さんの姿が見えるだけで安心して遊べるようになります。

こうして子どもは、お母さんやお父さん大切な養育者との距離を、少しずつ広げてやがて独り立ちしていくのです。

こうして身につけた五感を通して、隣にいる誰かと思いを共有できた時に、自分の存在を確かなものとして確認できるのです。それを共有体験というのでした。

## ★身体感覚か情報か

例えば、「不思議の世界」に興味と関心を示す子どもは、「なぜ、1足す1は2になるのだろう」と思うでしょう。そのような子どもは、一つの林檎を家族4人で切り分けて食べた時に比べて、二つの林檎の時の方が、より満ち足りた感じがするでしょう。林檎が二つだと、一つの時よりとても満ち足りた気持ちになります。皆で、「ああ、おいしかった。お腹いっぱいになったね」と言うかもしれません。一つと二つでは全然違うのです。この感覚です。

どの子も、やがて数の概念がわかってきて、「1足す1は2」を単純に計算できるようになります。そして、10足す10は20だし、100足す100は200も簡単に理解していきます。なんの不思議もありません。単純な数字の計算です。でも、林檎で共有体験をしてきた子どもは、「1足す1」のその意味を身体感覚でつかん

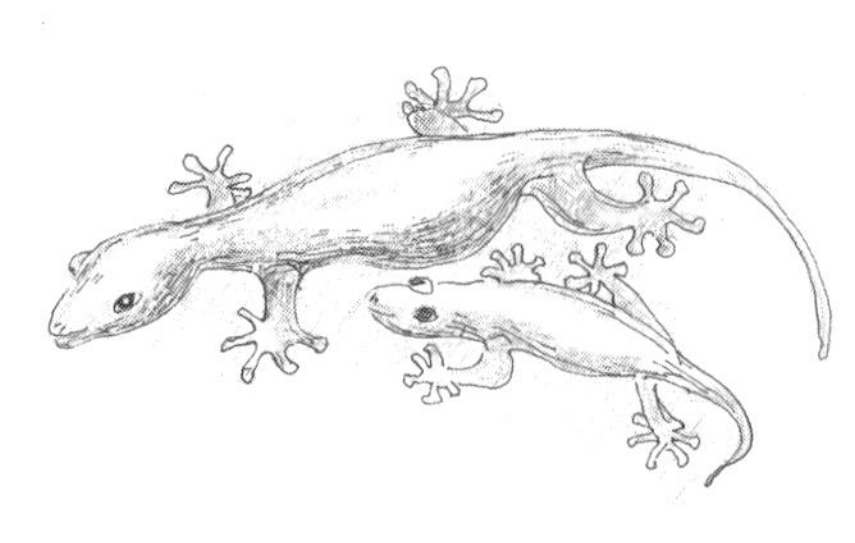

でいます。単なる抽象的で客観的な、冷たい数字ではないのです。

日本の人口や世界の人口を示す数字の後ろには、一人ひとりの生身の人の生活といのちがあります。そのことが想像できる子どもは、数字を単なる冷たいものとして受け止めません。ただの数字から、温かさを感じ取れるのです。そこから興味が湧いてくるのです。

そんな子どもは、学校の授業でさえ面白くて仕方ないでしょう。不思議なことばかりだからです。押しつけでなく、自分から進んで勉強したい、そんなふうに思うようになるはずです。

もし、自分の存在を確かなものとして確認できる共有体験が不足したまま成長していくと、やがて子どもは自分の個人的、主観的な身体感覚ではなく、客観的な情報や知識に頼った生き方を頼りに、進んでいくようになってしまうのです。つまり、不思議を感じなくなってしまいます。

これは大人の自尊感情においても同じです。共有体験は大切です。子どものような柔らかい心こそが、共有体験には絶対的に必要なことです。現代の大人は、情報や知識に囲まれて、主観的な身体感覚を味わう機会が少なくなってはいないでしょうか。

親は、根源的な不安を棚上げでき、生に対する根本的な信頼があり、自分が生きていることに何の疑問も持たないでいられる子どもに育ってほしいと願っています。しかし、日々の生活を振り返って、大人たち自身が生きていることの素晴らしさを実感できる生活を送っているでしょうか。親や身近な大人の生き方を、子どもは敏感に見ています。

感情豊かな大人を見て育てば、子どももまた感情豊かで想像力のある子に育っていくはずです。極論するなら、「いのちの体験」をうまく棚上げできず、自尊感情に乏しい子どもたちを生み出しているのは、生を実感できない大人たちなのかもしれません。

では、大人はどのようにして心を育てていけばよいのでしょうか。

## 5　大人も自尊感情を補える

### ★こんな私が

ある日の、講演会後のできごとです。会場の外で、乳児を抱いた一人の若いお母さんが、私が出てくるのを待っておられました。何百人もの人がいる会場では、手を挙げることができなかったけれども、どうしても聞きたいことがあるとおっしゃいます。もちろん、私は立ち止まって耳を傾けました。

お母さんがおっしゃるには、自分自身とても自尊感情が低く、何事によらず自信がなく生きてきたといいます。そして、今日講演を聞いて、その自尊感情には二つの部分があるということがわかり、自分の心のことが少しはっきりと理解できたように思うとのことです。その上で、自分は社会的自尊感情（すごい自分）だけではなく、基本的自尊感情（ありのままの自分）も低いということがわかったとおっしゃるのです。

「すごい自分」は、自分で努力して少しずつでも自信をつけていきたい、そう思ってこれまでも生きてきた。けれども今日の講演を聞いて、いまさら努力しても「ありのままの自分」はどうにもならないように思って、絶望感を感じたとおっしゃいます。そして、このように自尊感情の低い自分が、母親としてこの子を育てる資格があるのだろうか、そう考えると目の前が真っ暗になると、涙を流されるのです。

私は、講演を聞いてくださったこと、そしてその内容を理解してくださったことに、まず深く感謝を申し上げました。その上で、「ありのままの自分」の成り立ちを、もう一度ご説明し、大切なことを補足してお伝えしました。

## ★対等な関係

「ありのままの自分」は、共有体験によって育まれます。誰か身近な人と同じ時間を過ごし、同じものを見て、同じように感じた時に、心の中でささやきが聞こえるはずです。

「この人と同じように、私も笑っている。自分の感じ方は間違っていない。自分は間違っていない。自分はこのまま、ありのままでいいのだ」

この共有体験は、まさに共有体験ですから、二人の関係は対等です。二人が同じように感じた思いを分け合って、それぞれが心の中に大切にしまうのです。まるで糊の染み込んだ和紙が、一枚一枚貼り合わされて補強されていくように、共有体験の証が毎日の生活の中で積み重なって、少しずつ厚みを増していきます。

そして、子どもとお母さんが共有体験をすれば、子どもの心に和紙が貼り付けられるだけでなく、必ずお母さんの心にも貼り付けられます。二人の共有体験だからです。

その意味で、「寄り添う」というより「並ぶ」という方が、より適切な気がします。「寄り添う」というと、お母さんが子どもに寄り添ってあげる、という方向性が感じられるからです。「並ぶ」なら、二人は全く対等です。同じように感情を共有する、二人の対等な人間になれるのです。

もうおわかりだと思いますが、私がそのお母さんにお伝えしたかったことは、子どもと共有体験をすれば、お母さんの心にも和紙が積み重なるということです。「ありのままの自分」が十分に育っていないと感じているお母さんであっても、子どもと時間を共にする時、共有体験を意識していけば、お母さんの心の中にも必ず和紙が積み重なっていくのだと思います。

そして、その機会はまもなくやってきます。共同注視は生後6ヶ月を過ぎる頃から始まります。そして1歳を迎える頃には、どの子どももお母さんと同じものを見て、一緒に笑ったりすることができるようになるのです。

質問をしてくださったお母さんの胸では、まだ生後半年に満たない乳児が穏やかに寝息を立てていました。何も知らずに、安心しきってお母さんの胸に抱かれています。

こんなふうに、子どもが本当に幼い頃に大切なことは、赤ちゃんと見つめ合い笑いあって、二人だけの関係をしっかりと育むことです、とお伝えしました。

## ★手遅れはない

共有体験は、月齢が6ヶ月を過ぎた頃からできるようになります。お母さんが視線を向ける方向に同じように目を向けて、一緒にその景色から何かを感じ取ること

が、少しずつできるようになります。綺麗だな、可愛いな、面白いな、不思議だなと、様々な思いの共有を積み重ねていきます。

その時、お母さん自身の心の中が、少しだけ温かく感じられるはずです。二人が共有体験をして、和紙が積み重ねられた証拠です。こんなふうに、赤ちゃんと共有体験を積み重ねていけば、お母さんの「ありのままの自分」が育まれます。

共有体験をすることができるのであれば、「ありのままの自分」を育むことに手遅れということはありません。何歳になっても、隣にいる誰かと一緒に笑ったり泣いたりすることができれば、そのたびに少しずつ「ありのままの自分」は育まれていきます。

もう一つ大切なことは、一緒に「笑ったり泣いたり」という点です。一緒に笑ったときに積み重なり糊付けされる和紙は、オレンジ色やクリーム色などの明るい色かもしれません。一緒に泣いた時に糊付けされる和紙は、灰色や暗い青色かもしれません。とにかく、様々な色の和紙が一枚一枚積み重ねられていきます。そして出来上がる和紙の束は、色とりどりの深みのある豊かな心を作り上げるのだと思います。

そんなお話をして、お母さんと別れ、講演会場を後にしました。

## ★年齢制限もない

共有体験は、一緒に同じものを見たり、したりするだけではありません。その時に、同じように感じることが肝心です。子どもは、大人から見れば、ちょっとしたこと、つまらないこと、なんでもないことに、興味を持って立ち止まっているように見えます。大人にしてみれば、わかりきったことだったり、何度も見たものだったりするかもしれません。大人は、なんでも、もうわかっている、そう言っているように見えます。

でも、本当にそうでしょうか。なんでもわかっているのでしょうか。なんでも知っているのでしょうか。私は、そうは思いません。

この世界のことは、不思議なことだらけです。ほとんど何もわかりません。私は、幼稚園から始まって、大学院の博士課程まで、25年以上教育を受けてきました。たくさんのことを学んできたはずです。でも、私の知っている心理学や教育学で、この世界のことを、どれだけ説明できるでしょうか。なぜ人は争うのか、なぜ戦争は絶えることがないのか、問題を解決できないばかりか、説明すらできないのです。

わからない、知らない。だから、不思議だ。そんな子どものような、柔らかい心を持っていさえすれば、共有体験に年齢制限はないのです。

# エッセイ

## あいまいさは大切

### ◆あいまいなつながり

週に1、2回は新幹線で西へ北へと移動する生活が、もう何年も続いています。ホームで待っていると、2、3分間隔で列車が入ってきます。見慣れた風景です。時速300キロで走る列車が、数分おきにやって来るのです。それでも半世紀以上の間大きな事故もなく、安全な乗り物として私たちは当たり前のように思っています。なんともすごいことです。

そんな正確で安全な運行は、緻密に設計され制作された車両や線路などの施設設備と、それらを保守管理する人々の、日々のたゆまぬ仕事によって、その基礎が支えられているのは間違いありません。

そんなことを考えながら、先日ホームで列車をぼんやりと見ている時に、ふと気になったことがあります。精密に設計され作られた、陽の光に輝く完全無欠な金属製の流線型の車両が16両接続されています。でも、車両と車両の連結部分をみると、一見して柔らかそうなビニールのような素材で覆われています。歩み寄って実際に指先で触ってみると、スポンジのように思いのほか柔らかいので驚きました。

各車両ごとの連結部分をいくつか見比べてみると、シワの入り具合や汚れ具合などは微妙に違う表情をしています。車両本体が精密に作られ正確な形を保っているのに比べて、連結部分はなんだか一つひとつ個性と温かみがあって親しみを感じられます。

私は動くものが好きなので、新幹線以上に身近な存在として、自動車にも関心があります。エンジンの力をタイヤに効率的に伝えるために、その途中にトランスミッションというものがあります。現在身の回りで走っているほとんどの車は、オートマチック・トランスミッション（オートマと呼ばれています）を使っています。

オートマの原理をご存知でしょうか。エンジンの力を車輪に伝える重要な働きをする部分ですが、私の知識によれば、その核心部分はドロドロとした油の入った容器です。その容器の中にあるエンジン側の羽根が回ると、つられてその周りの油も回転します。すると同じ油の器の中に置かれた車輪の側の羽根が、回転している油につられて回り始めます。エンジンと車輪は、ゆるやかに油でつながっているのです。

新幹線の車両のつなぎ目がビニールなら、自動車のエンジンと車輪のつなぎ目は油なのです。きっちりとした、形の変わらない確固たるものばかりでは、電車も自動車もうまく走らないのですね。車も、新幹線と同じように、緻密で精密な設計に基づいて作られた、現代科学技術の結晶です。しかし実は、形もはっきりと定まらないあいまいなものが、力を受けて伝え合っているのです。

## ◆あいまいな距離感

人と人のつながりでも、同じことがいえるのではないでしょうか。友だち以上に仲良くしているけれども、恋人として意識しているわけではない、でもとても大切な存在として身近にいる。友だち以上恋人未満などという言葉がありました。実に、あいまいな関係です。もちろん、この関係は同性、異性に限らないことだと思います。男と女、親友とそれ以外、好きか嫌いか、白か黒かのような二分法で世界を分けることなど、できないのかもしれません。

そもそも人間関係は、あいまいなものです。子どもたちだって、Aちゃんとは何も気兼ねしないで仲良く遊べるけれど、Bちゃんは気分屋さんなので少し気を使わないといけないとか、C先生にはなんでも言えるけれど、D先生とお話しする時には少しかしこまってしまう、などということがあるかもしれません。そんなふうに人との距離は、相手によって一人ひとり違います。

子どもたちも、そんな具合に気を使いながら日々生活しているのでしょう。誰とでも、一定の決まった心理的・物理的間隔を保って付き合うことなど、子どもだってできないのです。そんなことをしたら、衝突だらけです。新幹線の車両が、つなぎ目でゴツゴツぶつかり合ってしまうようなものです。だから、一人ひとり相手によって、その都度距離を微妙に調節して「あいまいな人間関係」をやりくりしているのです。

好きや嫌いで、単純に周りの人たちを親友と他人に区分けしたりする、そんな極端なことではなく、好きでもないし嫌いでもない、親友という訳ではないけれども友だちじゃないという訳でもない。そんな、あいまいな人間関係こそ、人と人のつながりの在り方の本質なのではないか、そう思うのです。

## ◆付かず離れず

あいまいな人間関係は、言って見れば「付かず離れず」の関係です。しかも、その距離感が微妙で難しいのです。近すぎてもいけないし、離れすぎてもいけない。馴れ馴れしすぎてもいけないし、他人行儀でもいけない。この絶妙なさじ加減が、なかなか難しいのです。

子どもが獲得すべき社会性というものの中核は、このことなのだと思います。あいまいな状況にあって、微妙に距離感を調整できる能力です。また、そもそもその距離感を感じ取ることができる能力であり、さらにはあいまいな状況に身をおいていてもその状況に耐えられる能力でもあります。

あいまいな状況に耐えられる力を、あいまい性耐性と言います。現代人は、あいまいな状況が苦手になっています。それは、身の回りからあいまいなものが姿を消してしまったからかもしれません。かつては、外でもなく内でもない縁側があったり、戸を閉めても隙間風が入ってきたり、ろうそくやランプによる薄暗い明かりでの暮らしでした。

現代社会では、アルミサッシで隙間風は入ってきません。外と内ははっきりと区分けされます。電灯は、スイッチでオンとオフがはっきりとしています。身の回りから、あいまいさそのものが消えていったのです。

本来、人と人のやりとりはあいまいなものです。直接顔を合わせている時には、微調整をしながら距離感を微妙に修正しつつ会話をすることもできます。そして、ゴツゴツと衝突することを避けることができます。でも、メールなどでのやりとりでは、この微調整がなかなか難しいように思います。

新幹線の車両はきちんとしていて澄まし顔です。でも、つなぎ目は一つひとつ表情があって、人間味があります。この「つなぎ」を、子どもたちがどう作り獲得して行くのか、それを見守り育てて行くのが私たち大人の役割なのだと思います。

（初出：『げんき』172号、2019年3月）

# 確かだけれどあいまい

## ◆五つの感覚り

新生児期や乳幼児期の子どもにとって、もっとも大切な感覚は味覚です。だから、なんでも口に入れます。そうしないと、それがどんなものかわからないのです。見ただけではわかりません。叩いて音を聞いてみてもわかりません。匂いを嗅いでもわかりません。触ってもわからない。口に入れてみないとわからないのです。

口に入れてみることでこの世界を知ろうとする、新生児から乳児期のこの時期のことを、精神分析学では口唇期と言います。子どもはこの時期には、この世界と口でつながっています。お母さんから母乳をもらっている子どもは、お母さんと見つめ合いますが、主たる結びつきは口と乳房です。哺乳瓶でミルクをもらっている子どもでも同じです。口で、世界とつながっているのです。

口から大切な栄養を摂取するので、口の機能つまり味覚が一番はじめに発達するのです。五感には、触覚や嗅覚や聴覚や視覚もありますが、それらはまだ十分に発達していません。赤ちゃんにとって最も確かな感覚は、味覚なのです。

だから、赤ちゃんは手当たり次第に、なんでも口に入れようとします。見ても、触ってもそれがなんだかわからないのです。口に入れて見て初めて、おっぱいとの違いがわかるのです。言い換えれば、良いものと悪いものの判断の基準がおっぱいなのだ、といっても良いでしょう。

でも、味覚は結構あいまいです。誰かが美味しいと言うけれど、自分はそれほどとも思わない。夏みかんは酸っぱくて食べられないと言う人もいれば、少し酸っぱいところが夏みかんの美味しい魅力だと言う人もいます。味覚は、確かだけれどあいまい。なんだか矛盾しているようです。

でも、この世は、そんな矛盾で満ちています。時間は、確かに過ぎていきます。でも、あいまいです。楽しい時は、時間があっという間に過ぎていくのに、退屈な時間は遅々として進みません。こんな経験は、誰でもがしていることではないでしょうか。

時間というものが、こんなふうに確かだけれどあいまいなように、ひょっとしたら、この世の多くのものが、「確かだけれどあいまい」なのではないかと思います。

## ◆「非認知」って

最近、よく非認知能力の大切さが話題になります。一般には、認知的ではない非認知的な力のことをいうようですが、そもそも能力ではないという考え方もあります。認知能力ではない「何か」、つまり心の領域のことだというわけです。(遠藤利彦「非認知的な能力の源にあるアタッチメント」『げんき』№158号、2016)。

かつて、認知能力の代表格であるIQ(知能指数)に対して、EQ(情動知能指数)が話題になったことがあります。あるいは、学校の成績に直結するような言語的知能に対して、自己表現や人間関係の円滑さにあらわれるような、社会的知能という概念が議論されたこともあります。

一般に言われる非認知能力は、物事に集中したり努力したりできる力であり、誰かと協力したり助け合ったりできる力のことです。認知能力とは、要するに考える力、理解する力、覚える力などです。ただ、私の実感としては非認知能力の大切さなど、あまりに当たり前すぎて、なんでいまさらそんなことを言い出すのだろうかとも思えるのです。

改めて整理すると、認知能力と非認知能力は自動車の両輪のようなものなのではないでしょうか。どちらか一方だけの力が強いと、同じ所をただくるくると回るだけで、前に進んでいけないようなことになる力です。両輪の釣り合いが取れていることが、とても大切なのだと思います。

「知識」と「知恵」。「考える」と「思う」。「冷めた頭」と「温かい心」(p.94)。これらの組み合わせはどれも、私たちが前に進んでいくための、車の両輪のように思えます。どちらか一方だけでは、いくら力を注いでも空回りになってしまって、私たちは一向に前に進んでいけないのだと思います。そして、これらは「確か」なものと「あいまい」なものの組み合わせになっているのです。

「知識」は確かなことに価値があり、はっきりとした答えを得るために「考える」わけですし、冷静さと客観性を大切にして「冷めた頭」を働かせます。これらが十分に機能する人は、認知能力が高いということになるでしょう。

一方で、「知恵」を使って知識を生かし、時には懐かしい人や土地を「思い」、融通を利かせて共感的に相手と「温かい心」で関わる。これが非認知能力の働きだと思います。

認知能力は「確かさ」を求めるはたらきであり、非認知能力は「あいまいさ」を大切にすることなのだと言っても良いかもしれません。

## ◆究極の感覚

このエッセイの最初に、味覚は確かだけれどあいまいだ、とお話ししました。味覚が確かな感覚であることの証拠の一つは、スポーツの試合の場で見ることができます。優勝した選手は、必ずと言って良いほど、優勝カップや金メダルに口づけをします。あの場面です。

インタビューを受けても、優勝した実感が湧かないとか、頭の中が真っ白です、などという言葉が聞かれます。そうなのです。その時優勝者は、一種の興奮状態で頭も心も混乱しています。自分の置かれている場所がどこなのか、今なにが起こっているのか、五感を総動員して自分自身の現実を理解しようとします。

そんな時に、最後のよりどころとなるのが、この世に出てきた時の最初の感覚としての味覚なのです。生まれてきたばかりの時は、この世のすべてのものが未知のもので、初めての経験ばかりでした。自分がどこにいるのか、今どういう状況なのか、全く五里霧中の状況でした。

そんな不安を和らげてくれて、自分と世界をつないでくれたのが味覚でした。そして同時に、味覚をよりどころにすることで、口から命の糧を得ることができたのでした。味覚は、確かで頼りになる究極の感覚なのです。

だから、幼い子どもと同じように、不安で未知の領域に立った時、人は無意識のうちに究極の感覚である味覚をよりどころとするのだと思います。そして、金メダルに口づけをし、時になめたり噛んだりするのかもしれません。

（初出：『げんき』173号、2019年5月）

# こころの低温やけど

## ◆低温やけど

人は、毎日の何気ないことの繰り返しと積み重ねで、心を少しずつ育んでいくのだと思います。子どもたちも、身近な人と一緒に楽しいこと、嬉しいこと、そして悲しいことや辛いこと、様々な出来事や体験を積み重ねていきます。私は、こうした体験を共有体験と呼んで、和紙を糊付けする例えでお話ししてきました。

黄色や水色の明るい色の和紙もあれば、ねずみ色や黒い和紙もあるかもしれません。一つひとつは小さなことだったり、ささいなことだったりしても、繰り返され積み重ねられていって、深みのある豊かな心が育まれていきます。

でも、辛いことや苦しいことばかりが多く続くと、そうしたことがストレスの原因（ストレッサー）になって、心にはストレスが溜まっていくかもしれません。一般に、ストレスによって心や体に障害が発生するのは、二つの場合が考えられます。一つは、ストレッサーが強力で適応力を超える場合です。強いストレッサーによって、急激なストレス反応が起こります。皮膚に、沸騰したお湯や湯気が当たると、その部分が赤く腫れたり水膨れができたりして、やけどになります。

もう一つは、それほど強いとはいえないストレッサーが、長い時間かかり続ける場合です。すぐその場でストレス反応は現れませんが、一定の時間が経って、ある段階まで来ると、適応力が維持できなくなって、反応が表面化します。

この二つ目の、ストレス反応の一つの例が「低温やけど」です。例えば、使い捨てカイロでも、直接体に当てたままにしていると、低温やけどになることがあります。触っても、熱いというほどではないのですが、長時間触れていると、ある段階で皮膚の適応力を超えてしまうのです。「低温やけど」は自覚症状が現れにくく、皮膚の奥まで損傷してしまい、高温が短時間作用するより重症化することがあるのだそうです（恩賜財団済生会，２０２１）。

## ◆軽いストレス

現代社会で生きる子どもたちの様子を見ていると、「競争、得点、勝利、成功、賞賛」などの言葉をキーワードにして生きているように思えます。負けたらいけない、と常に得点を気にしながら、勝利と成功そして賞賛を目指して頑張っているし、頑張らなければいけないと緊張しているように見えるのです。

休む間もなく、ストレスを感じ続けているのです。でもそこに加わっているのは、その場で立ち上がれなくなるほど、強烈なストレッサーではありません。じわじわと、常にかかり続けるストレッサーです。日常化しているといってもいいかもしれません。

もともとそんな状況だったところへ、新型コロナウイルス感染症が蔓延し始めました。もう3年以上経ったことになります。2023年の3月からは任意になりましたが、外出の際はマスクの着用が基本になっていることが3年も続いたのです。これまでも、マスクをすることはそれほど特別なことでもありませんでした。風邪を引いた時とか、空気の乾燥から喉を守るために、一時的にマスクをするのはそれほど抵抗なかったように思います。

ただ、これほど長期にわたって、季節を問わず四六時中マスクをするというのは、初めての経験です。このことでストレスを感じている人は、少なくないと思われます。手指の消毒や三密の回避も、常に頭にあって気をつけています。これも、軽いストレスです。

誰もが人と気軽に会えず、子どもたちは友だちと遊んだりじゃれあったりすることもできないでいました。学校の給食も、全員前を向いての黙食でした。

こんなふうに、軽いストレッサーが、私たちの心に長期にわたってかかり続けているのです。保育園や幼稚園で、子どもたちは大丈夫でしょうか。

## ◆心の低温やけど

文部科学省の発表によると、感染症が蔓延した2020年の小中学生と高校生の自殺者数は、その前の年に比べて極端に増えたとのことです（文部科学省、2021年）。小中高校全体で140人増えて、479人だったそうです。中でも、女子が大きく増えました。小学生では、3人から10人に、中学生は37人から62人へ、高校生では67人から138人へと倍以上に増えているのです。もちろん男子も、269人もの数の自殺者があったのです。また小中学生の不登校者数も、前の年に比べて1万5千人以上増えて、196,127人もいたとのことです（文部科学省、2021年）。

ストレスが長い間続いたことで、心が低温やけどを起こしてしまったのではないかと思うのです。すぐその場で激しい痛みを感じるような、心のやけどではありません。じわじわと長く続くストレスが、心の低温やけどを発症してしまったのです。心の低温やけどが、子どもの心の奥深いところまで達して、致命的な打撃を加えたのです。

低温やけどを防ぐための、確実な方法があります。軽いストレッサーが、継続してかかっていることにまず気づくことです。あまりに軽いので、深く気にかけないで見過ごしていることがあります。また、場合によってはかえって心地よく感じて、そのままにしてしまうかもしれません。でも、それが落とし穴なのです。

例えば、誰も相手にしてくれないより、いじったりからかったりしてくれる方が、一人で孤独でいるより良い、と思う子もいるかもしれません。ちょっと嫌だなとか、それは違うよとか、恥ずかしいよと言いたいけれど、相手にされなくなるのはもっと嫌です。だから、我慢しています。友だちのように、楽しい遊び仲間のように、笑ってごまかして過ごしていきます。少しずつストレスが積み重なっていきます。やがて、心の低温やけどが起きてしまうのです。

そうなる前に、私たち大人が気づいてあげたいと思います。そのためには、軽いストレッサーに用心することです。見過ごさないことです。積み重なっていくと、大変なことになってしまうかもしれないからです。

**参考文献**

恩賜財団済生会（２０２１）.「冬場に注意　低温やけど」https://www.saiseikai.or.jp/medical/column/low_temperature_burns/

文部科学省（２０２１）.「令和２年　児童生徒の自殺数に関する基礎資料集」https://www.mext.go.jp/content/20210216-mxt_jidou01-000012837_009.pdf

文部科学省（２０２１）.「令和２年度 児童生徒の問題行動・不登校等生徒指導上の諸課題に関する調査結果の概要」. https://www.mext.go.jp/content/20201015-mext_jidou02-100002753_01.pdf

（初出：『げんき』１８９号、２０２２年１月）

# いのちの桶

## ◆五十歩百歩

覚えるだけなら、コンピュータは人間の能力を遥かに超えています。計算能力でも、人間はとてもかないません。記憶力でも、誰もかなわないと思います。走るだけなら、自動車の方がよほど早く走れます。空を飛ぶことなら、飛行機にはかないません。

特別の飛び抜けた能力は持っていませんが、私たちはいくつもの取るに足らないほどの能力を組み合わせて、全体として機械では真似できないような力を発揮します。顔の表情、体の動き、声の出し方を組み合わせて、その時その場でその人だけの言葉を発します。その時、笑いが起こったり、涙を誘うことさえあります。

単一の能力では、機械の方が勝っているかもしれませんが、総合力としては人間を上回ることはできないのだと思います。さらに言えば、ある人の総合力と別の誰かの総合力を比較して、優劣をつけることはできません。それぞれが、独特な存在だからです。

本来、人と人を比べることはできないのに、できないからこそ比べたがるのも

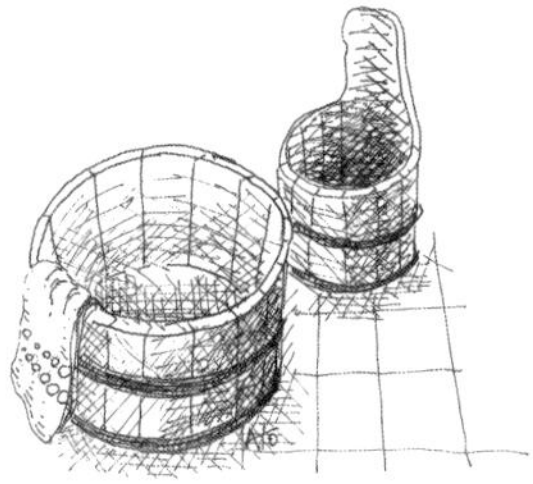

人の性かもしれません。人と人を比べて優劣を決めようとすれば、厳格な枠の中で特定の能力を競うことになります。

身体能力であれば、例えばかけっこです。１００ｍをどちらが早く走れるかを競います。オリンピックに出場する選手などは、１００ｍを10秒かからずに走り抜けます。すごい速さです。でも、時速で言えば36㎞くらいのものです。新幹線は、その10倍くらいの速さで走ることができます。

私が１００ｍを走れば20秒はかかるでしょう。時速で言えば18㎞です。新幹線からすれば、時速36㎞のオリンピック選手も時速18㎞の私も、どっちも大差ありません。五十歩百歩で、お話にならないという感じではないでしょうか。桁が違うのですから。

受験生の知的な能力を測ろうとして、入学試験が行われます。人間の知性は多面的ですから、その人の持っている知的な能力の全体を測ることは、ほとんど不可能です。そこで、入学試験で測られるのは、知的能力のある特定の限られた一側面に過ぎません。結局は、記憶力とか計算力などに偏った試験になっているのですね。

## ◆木の桶

わかりきったようなことを、長々と書いてきましたが、要するに単一の限られた能力について考えれば、人の能力はたかが知れていて機械にかなわないということです。そして逆に言えば、複数の力を組み合わせて総合力を使うことで、大きな力を発揮できるのが人間だということなのだと思います。しかも、一人ひとりが違うのです。

私は、人の能力を木の桶で例えてみたいと思います。桶は、何枚もの板を組み合わせて作られています。水をためるためには、同じ長さの板がたくさん必要です。一枚でも短い板があれば、そこまでしか水が入りません。逆に、一枚だけ長い板があっても他の板が短ければ、水は短い板の高さまでしか入りません。

板の枚数は多いほど、大きな円周を持った桶が作れます。一枚一枚は短くても、板がたくさんあれば、水がたくさん入る昔のたらいのような桶になります。できること一つひとつの力は大したことがなくても、たくさんできることがあれば、人間としての容量は大きくなるのです。

一つだけ抜きん出た能力があっても、他の板が短かかったり、そもそも板の枚数が少なければ、桶の容量は小さくなってしまうのだと思います。でも、その抜きん出た長い板が役に立つこともあります。水を汲むための手桶は、そんな桶です。でも、その役に限られるのです。

ここまで、「能力」とか「総合力」などと、「力」という表現をしてきましたが、人間という存在は「力」で意味づけられるものではないように思います。確かに、一つひとつの「力」は必要です。でも「力」は、桶を形作る一枚一枚の板に過ぎません。

立って歩くことも、おしゃべりをすることも、友だちと遊ぶことも、様々な「力」が総合されて成立します。子どもの人間としての総体である「いのち」は、桶のようなものです。一つひとつの「力」の強さや大きさではなく、それら多くの「力」の組み合わせと「つりあい」が大事なのだと思うのです。

## ◆いのちの桶

人は誰でも、桶なのです。ほんの数枚の短い板を組み合わせたような、小さな可愛い桶もあるかもしれません。たくさんの長い板を組み合わせた、大きく深い桶の人もいるでしょう。

たくさん水の入る桶の人は、たくさんの水を蓄えて、必要な人がいたら分けてあげてほしいです。小さな桶の人は、すぐに水がなくなってしまうかもしれません。周りの人が気にかけて、水が枯れないように、補ってあげたいものです。

ひとりの子どもを丸ごと見た時には、たくさんの「力」の一つひとつを取り出して評価しても意味がありません。それは、桶の一枚の板に過ぎないからです。それよりも、桶の容量、つまり子どもの「いのち」を、丸ごと見る視点が大切なのだと思います。

子どもは誰でも、まだ数少ない短い板を持っているだけです。それらの板で作られる桶は、まだ小さいかもしれません。これから、少しずつできることが増えて、板の枚数が増えていきます。

また、最初は短い板で作られた桶も、成長するに従って、一枚ずつ長い板に差し替えていくことでしょう。枚数が増えた長い板で作られた、大きく深い桶に成長していくのだと思います。

板の枚数を増やしていくためには、たくさんの出会いや経験が必要です。面白いことや楽しいこと、辛いことや悲しいことなど、たくさんの経験の中で、子どもは板を一枚一枚削り出して桶を成長させていきます。

私たち大人は、一枚一枚の板の長さや大きさだけに注目するのではなく、それらが組み合わされて出来上がっていく桶を、丸ごと見る視点が大切です。子どもの「いのち」は桶なのですから。


（初出：『げんき』181号、2020年9月）

# あとがき

この本では、「ありのままの自分」（基本的自尊感情）の意味と大切さ、その育み方を中心にお話ししてきました。「すごい自分」（社会的自尊感情）も、もちろん大切だと思います。ただそれは、改めてここでお話しするまでもないことだと思ったのです。「すごい自分」を育てるためには、褒める、認める、評価するという方法が有効だ、ということでさえ誰もが知っていることだと思うからです。

さて、「ありのままの自分」について、最後に一つ付け加えてお話ししておきたいことがあります。本文でも少しお話ししましたが、「ありのままの自分」を受け入れられないでいる人、「ありのままの自分」を認められないで、自分で自分を責めている人たちのことについて、もう一度お話ししておきたいのです。

例えば、なんだか日常がむなしく感じられて元気が出ないとか、周りと比較して自分はだめだと自身を受け入れられない人がいます。きらきらと輝いて楽しそうに過ごしている人と比べて、自分はまったくだめだと落ち込んでいる人もいます。また、学校へ行けずに家に閉じこもっていたり、社会に出て行けずに一人で悶々と苦しい日々を過ごしていたりする人たちもいます。

そうした人たちに向かって、「ありのままでいいんだよ」「ありのままに生きていればいいんだよ」などという言葉がかけられることがあります。自分で自分を情けなく悲しく思っているのに、その「ありのまま」の現実を受け入れなさいというのでしょうか。受け入れることができずに苦しんでいるのに、それを受け入れなさいとはなんと残酷な言葉でしょう。

そもそも、「ありのままでいいんだよ」の「いいんだよ」は評価の言葉です。「いいんだよ」と認めているのです。向き合う関係で投げかけられる言葉です。でも、「ありのまま」は他人に認められたり、評価されたりすることではありません。他者との比較でもありませんし、ましてや他者から評価されたり、褒められたり、認められたりすることではないのです。

「ありのままの自分」は、自分の心の中に少しずつ育っていく思いです。その思いを育むためには、誰かの存在が必要です。ただし、向き合って認めてくれたり、褒めてくれたり、評価してくれる存在ではありません。ただそばにいて、一緒に笑ったり泣いたり、楽しんだり苦しんだりしてくれる、並ぶ関係で思いを共有してくれる存在が必要なのです。

思いを共有する体験を通して、少しずつ自分自身を認められるようになります。「ありのまま」の自分を、自分自身が受け入れ「ありのままの自分」が育っていくのです。

横にいるその人が、自分と同じように笑っています。その時に、「ああ、笑っていいんだ」「笑っている自分は間違っていないんだ」「自分は今の自分のままでいいんだ」「ありのままでいいんだ」と思えるのです。横にいるその人が、自分と同じように涙を流しています。その時に、「ああ、泣いていいんだ」「泣いている自分は、このままでいいんだ」「ありのままでいいんだ」と感じられるのです。

誰かがそばにいてくれて、並ぶ関係で一緒に時間を過ごしていることこそが、二人にとってかけがえのない大切な宝物になるのです。それは二人のそれぞれの心の底に、糊の染み込んだ和紙として積み重ねられ、豊かな心を育んでいくのだと思います。

2023年初秋

近藤　卓

ヒルガードの
WORLD

**著者：近藤　卓（こんどう・たく）**

1948年生まれ。日本ウェルネススポーツ大学教授。専門は、健康教育学、臨床心理学。高校教師10年の後、東京大学大学院教育学研究科博士課程満期退学。中学校・高等学校のスクールカウンセラー、青少年のグループ・セラピーなどの実践の後、大学講師、ロンドン大学研究員、東海大学教授、山陽学園大学教授などを経て現職。臨床心理士、学術博士。日本いのちの教育学会理事長。近著として、『PTGと心の健康』（金子書房、2022年）、『誰も気づかなかった子育て心理学』（金子書房、2020年）、『いじめからいのちを守る』（金子書房、2018年）、『子どものこころのセーフティネット』（少年写真新聞社、2016年）、『乳幼児期から育む自尊感情』（エイデル研究所、2015年）などがある。

**編集協力**
武田信子

**表紙絵画・本文挿絵**
近藤伸子

**表紙絵画写真、近藤先生と愛犬あおの写真**
ホリバトシタカ

**ブックデザイン**
株式会社デザインコンビビア（大友淳史）

# ありのままの自分
## 大人の自己肯定感を育てる

2023年11月20日　初版第1刷

**著者**　近藤　卓

**発行者**　大塚孝喜

**発行所**　株式会社エイデル研究所
〒102-0073
東京都千代田区九段北4-1-9
TEL　03（3234）4641
FAX　03（3234）4644

**印刷所**　中央精版印刷株式会社


ISBN 978-4-87168-703-4